内容

淘宝直播

运营与主播修炼手册

淘宝大学达人学院 著

电子工业出版社

Publishing House of Electronics Industry

北京·BEIJING

内容简介

"内容电商运营系列"是由淘宝大学达人学院集合淘系优秀创作者讲师编写的,对内容电商知识进行更加细致合理的规划设计,更加符合移动电商时代读者的知识需求。该系列首批更新的图书包括《淘宝直播运营与主播修炼手册》《爆款视频内容打造与传播》《直击人心的图文内容打造与传播》。

《淘宝直播运营与主播修炼手册》通过对淘宝直播的系统化梳理,对手淘现有内容模块进行了呈现,站在从业者的角度详细分析了内容电商发展的必要性,通过对直播本质的介绍,阐述了直播内容在电商化环节中的功能定位,以及电商化的交易属性。伴随内容电商大潮在国内的兴起,成为全国范围内内容电商运营系列教材之一。

本书面向电商从业者、商家和有志于从事淘宝直播的机构与个人,介绍了淘宝直播的内容呈现渠道及呈现方式。全景展现如何通过粉丝管理,打造直播团队实现优质主播的孵化,以及主播如何通过自身修养提升商业价值,最终形成个人品牌。本书可作为商家零售的教材,更是网络创业者和电子商务从业人员的参考用书。

图书在版编目(CIP)数据

内容电商运营系列.淘宝直播运营与主播修炼手册/淘宝大学达人学院著.—北京:电子工业出版社,2017.9

ISBN 978-7-121-32553-3

Ⅰ.①内… Ⅱ.①淘… Ⅲ.①电子商务－网络营销 Ⅳ.① F713.365.2

中国版本图书馆 CIP 数据核字 (2017) 第 209170 号

策划编辑:张彦红
责任编辑:张彦红
特约编辑:刘广钦
印　　刷:中国电影出版社印刷厂
装　　订:三河市良远印务有限公司
出版发行:电子工业出版社
　　　　　北京市海淀区万寿路 173 信箱　　邮编:100036
开　　本:720×1000　1/16　印张:12.25　字数:250 千字
版　　次:2017 年 9 月第 1 版
印　　次:2020 年 7 月第 11 次印刷
印　　数:18501~20500 册　定价:69.00 元

凡所购买电子工业出版社图书有缺损问题,请向购买书店调换。若书店售缺,请与本社发行部联系,联系及邮购电话:(010) 88254888,88258888。

质量投诉请发邮件至 zlts@phei.com.cn,盗版侵权举报请发邮件至 dbqq@phei.com.cn。

本书咨询联系方式:010-51260888-819,faq@phei.com.cn。

序　言

　　传统的依靠流量驱动的电子商务模式正在升级。淘宝已是中国年轻人和创业者发挥创造力体现创新精神的重要阵地，优质的内容，正是将淘宝上千千万万创新者与超过 5 亿名用户建立紧密连接的纽带。如张大奕、雪梨等为代表的红人店铺，在不依靠流量投入的情况下，依靠自己庞大的粉丝群体获得了高额的商业回报；很多中小卖家在尝试与各类型达人合作的过程中，亲历了内容电商的巨大魅力，实现了经营逆袭；很多资深买家、写手，当然也包括很多专业的内容生产机构，他们生产创作出大量优质的图文、短视频和直播内容，一方面帮助消费者更好地进行购物选择，一方面也实现了最大化的商业变现。

　　这些变化的背后，是消费升级的趋势不断深化，消费者从单纯地去看商品的价格和商品的功能参数，到更关注整个消费过程中的精神体验。而且这个过程中，越来越多的消费者希望获取更多的知识性、专业性的信息内容来为自己的购买行为做决策参考，优质内容对于消费者选择产生了越来越大的影响。对于电商企业来说，如何跳脱出过往的电商运营思维，快速拥抱内容电商的新趋势，抢占新零售时代的商机，是必须直面的新课题。

　　与此同时，新商业与消费升级的核心，不仅仅是更多的消费，而是通过消费数据及消费引导，让商业与情感的传递、人性的结合变得更加紧密，从而引导整个商业生态的升级。而这种变化会体现在两个维度：内容化引导需求和个性化引导消费。消费人群的消费需求将从过去的衣食住行，向个性化、定制化、标签化转变，内容需求向更个性、更有趣、更有效的生活资讯类转变。三个关键词将成为未来商业与内容的核心："社交化"、"人格化"、"态度化"，这是内容电商背后对消费者的深刻洞察。

　　对于优质内容的提供者，即内容创作者和内容机构来说，如何紧密围绕以阿里巴巴为代表的中国电商生态，如何持续洞察消费需求，如何持续产出优质内容，如何将优质内容进行商业变现，这些都是关键的课题。

本书由阿里巴巴·淘宝大学发起，我们召集了淘宝大学的多位资深讲师、多位内容电商的 KOL 创作者、多家内容电商知名 MCN 机构负责人，并走访了数十家电商企业，历经近一年的时间共同完成了本书的写作。本书体现了以下几个特点。

一是知识体系完善。基于淘宝大学完善的课程体系和师资资源，本系列图书在创作过程中，在图文内容、淘宝直播、短视频这三个方面都组成了专家团队，重点关注内容电商背景分析、内容定位、创作者匹配、内容价值评估、内容创作、粉丝运营等几个重要维度，为电商企业和内容电商从业者提供了系统化的知识体系。

二是内容贴近实战。本书的编写，汇集了众多内容电商实践者的宝贵经验，书中提到的方法、理念都源于成功的业界实践，提出的相关建议也切中要害，相信对于广大从业者是一本指导性极强的实战书籍。

三是内容具备前瞻性。编写团队在创作初期便充分考虑到了电商平台生态规则的升级变化，因此，本书从根本性的方法论着手，理论结合实践，保障了跨规则、跨类目、跨阶段的应用价值。

内容电商的时代已经来临，这对于内容创业者来说是一个最好的时代。希望本书能够对那些有志于从事内容创业的个人、机构带来切实的指导，并在实践中获益。

阿里巴巴集团五新委员会委员、淘宝大学校长

王帅

2017 年 9 月 22 日

本书编写成员：黄博、刘亭亭、郑俊超、莫卫建、曹圆、赵菲、吴建勇。

目　录

关于本套丛书若干名词的说明

阿里创作者：随着淘宝、天猫等平台的发展，以及阿里巴巴生态体系中各商家、合作伙伴对内容的重视，逐渐产生了一大批内容创作者（包括图文、视频、直播等内容），这部分人群就是阿里创作者，简称达人。

阿里创作平台：随着阿里巴巴内容运营的发展，原淘宝达人平台改为阿里创作平台。

读者服务

轻松注册成为博文视点社区用户（www.broadview.com.cn），扫码直达本书页面。

- 提交勘误：您对书中内容的修改意见可在 *提交勘误* 处提交，若被采纳，将获赠博文视点社区积分（在您购买电子书时，积分可用来抵扣相应金额）。
- 交流互动：在页面下方 *读者评论* 处留下您的疑问或观点，与我们和其他读者一同学习交流。

页面入口：http://www.broadview.com.cn/32553

直播与零售行业进化趋势

本章要点：

* 新零售要点解读。

* 新零售催生垂直内容需求。

* 传统零售与内容电商融合。

* 无线淘宝历史版本发展轨迹解读。

* 传统电商困局。

1.1 新零售要点解读

本节要点：

- 新零售将推动四大重构。

- 无线改造已经完成。

- 纯电商时代即将结束。

新中产阶级的规模化及其消费成熟化，致使消费趋势升级。越来越多的新型零售体与眼花缭乱可供选择的商品也在这样的趋势下不断延续着更迭。经历了十年电子商务的发展普及，新零售时代也在悄然开启。更多人意识到电子商务的本质就是零售。纯电商时代很快会结束，未来的 10～20 年，将没有电子商务这一说，只有新零售。也就是说线上线下和物流必须结合在一起，才能诞生真正的新零售。

从基本层面理解是用户的时间从 PC 端迁移到了手机端，正在从以搜索为导向的需求满足进化为以内容引导为导向的需求满足。2015 年年初，逍遥子在卖家大会上提到：每一个卖家都是一个自媒体，这也意味着每个卖家都必须懂需求，懂产品，对满足需求有独到的见解，从而产生更多优质的内容以迎合新零售的变化。

如今，每个人的手机淘宝打开后，系统所推送的商品、内容都是不一样的，在无线化改造的过程中，内容体现的端口主要包括：有好货、必买清单、爱逛街、微淘等以图文为导向的引导销售端口，以淘宝直播为导向的流媒体内容端口。自 2016 年年底，短视频等机构也在不断地在以新零售变革的零售经济实体平台上进行着内容生态重构。

在内容生态进化的过程中，出现了以 KOL、创作者为核心的内容生产者。他们是产品拥有者，他们的产品就是在某一领域的一技之长，他们消耗了大量的时间在这一件事的沉淀上，因为最初的需求来自 KOL 及创作者本身的需求，也正因为对于需求的执着，致使基于消费者需求的品牌开始崛起。个人品牌时代到来了，由消费领域的意见领袖的成长，适时引发商业形态的进化。

以下是在逍遥子关于新零售的演讲中的摘要，笔者以电商零售从业者的视角对几个核心点进行了摘取及分解。

1．纯电商时代即将结束

阿里巴巴是电子商务企业，其业务中最传统的一块业务被称为电子商务。但"电子商务"这个词可能很快就被淘汰。其实从 2018 年开始，阿里巴巴将不再提"电子商务"这个词，因为电子商务只是一个摆渡的船，它只是从河岸的这一头到了那一头。

2．为什么电子商务是一个传统的概念

纯电商时代很快会结束，未来 10～20 年，将没有"电子商务"这

一说，只有"新零售"。线上线下和物流必须结合在一起，才能诞生真正的新零售。线下的企业必须走到线上去，线上的企业必须走到线下来，线上线下与现代物流合在一起，才能真正创造出新的零售。物流公司的本质不是比谁做得更快，而是真正消灭库存，让库存管理得更好，让企业库存降到零，这才是所有物流真正的本质。

新零售将推动四大重构：

- 所有生产消费要素从 PC 树状结构转向无线化的网状重构。

- 人货场等传统零售要素的互联网重构。

- 企业再组织与阿里生态矩阵联动的重构。

- 阿里组织网状化重构。

从 PC 到移动互联网如何实现所有要素从树状到网状重构？阿里作为全球最大的移动经济实体，也发生了下面几个变化：

- 消费的无线化改造已完成。

- 消费习惯已经从以商品为核心转变为以内容为核心。

- 内容生态将被重构。

- 基于消费者洞察的品牌开始崛起。

- 全域营销、娱乐化营销及销售正在融合。

传统的商业组织关系是树状的，在 PC 互联网时代依然进化不彻底，在移动互联网时代将会彻底向网状进化。在经历淘品牌互联网孵化、传统品牌大规模触网之后开始进入第三个阶段，即现在的新零售阶段。此阶段的商业组织不限于企业内部的组织重构，电商与非电商、传统渠道与新渠道，都在基于人、货、场的重构而建立新的关系，并与阿里生态形成网状矩阵联动。

人、货、场等传统零售要素完成互联网重构。其中走向新零售的起点是从以商品为核心到以内容为核心的消费洞察，从而触发企业内部的重构，这就是人、货、场等传统零售要素在互联网的重构。这种重构实现的前提是数据驱动，每个企业都要走向数据公司，才有可能走向新零售。

基于内容生态的网状结构部署，实则是需求的网状分布适应性。人 = 需求，货 = 供给，场 = 场景化。在新的移动互联网基础设施下，需求会呈现网状结构，作为新零售从业者，就应该看到需求的网状化分布，从而进行供应多样化，并以内容作为适应网状化的链接要素。场景化也是新零售中需要重点进化的模块，这有赖于内容生产者对于需求的深度洞察。

"新"是对趋势的感知，以及对于新思维、新方法、新技术的融合运用。更深层次的理解是，电子商务完成了交易效率的提升，完成了存量需求的满足；而新零售则是发现需求，引导需求，在日日更迭的消费升级大环境下完成需求更迭的过程。

线上线下的"基因"不同，零售从业者应在不同的维度思考融合，线下可被多维度感知的用户体验到，线上具有高效的交易行为；线下有实际的生活轨迹，线上有唾手可得的开放信息。线上线下的区别，仅仅是一台电脑，一部手机，一个接入终端的区别。但我们的需求也于线上于线下共同存在着，这样的思考会引发商业形态的演进，意味着作为参与商业形态演进中的我们要始终思考线上与线下如何更有效地实现融合，不停止洞察消费需求，不停止消费行为更迭，不停止供应升级，不停止信息效率提升，最终实现线上线下融合现代物流才能创造新的零售。

深度会员关系管理、企业再组织与阿里生态矩阵重构。在传统零售的发展过程中，流量运营一直是零售企业的重要工作模块，除了在网状结构的推进下以适应新零售的发展，更重要的是在整个阿里生态矩阵重构的过程中，CRM 是重构的核心，而不是一直侧重于新流量获取。对于中小零售业主来说，适应变革除了在商业形态上发生变革，最重要的是看透流量的本质，建立属于自己的需求网状结构。

"未来的电子商务将不复存在，取而代之的是商务电子化"。2013年10月手机淘宝 APP 上线，不到两年的时间，以淘宝平台为首的零售平台从 PC（台式机）端迁移至无线（手机）端，也正是这样的迁移意味着一个时代的结束，淘宝也从这样的迁移过程中，更迭着千人千面的个性化，更迭着消费行为的个性化。从庞大的货架式购物平台，逐渐演进为基于内容导购的社区化购买引导平台。基于 PC 时代的电子商务只是一个摆渡的船，将庞大的消费需求从线下的信息不对等摆渡到高效的 PC 互联网时代，再从高效的 PC 互联网时代摆渡到个性化的移动互联网时代。摆渡的更深层的含义不仅仅是消费的摆渡，更是以人为本的生活方式的摆渡。

1.2 新零售催生垂直内容需求

本节要点：

* 手机淘宝内容矩阵。

* 内容化、社区化。

* 成为优质内容生产者。

截至 2016 年年底，无线淘宝已经完成全量转移。淘宝 80% 以上的成交来自无线端，线上零售商家的流量结构 80% 以上也是来自无线端。与 PC 端流量运营结构聚焦化、单一化不同，无线淘宝的流量结构呈现出碎片化、个性化、场景化三个特点。追溯手机淘宝的版本更迭，所呈现的核心关键词就是内容化、社区化。

自 2003 年到现在，淘宝最大的内容是商品和店铺，作为卖家，生产最多的内容就是迎合需求的产品，以及一遍一遍优化的详情页。2014 年手机淘宝在聚焦用户体验如何提升。2015 年平台侧重的方向则转为内容矩阵，以帮助商家适应流量分化及消费升级更迭后对于个性化的需求。

从手机淘宝开始考虑围绕商品和店铺特性方向做拓展，推出的有好货和爱逛街两个图文产品，针对商品导购的方向开展内容拓展；到2015 年侧重于构建社区互动，并进行微淘重点发力；再到 2016 年淘宝直播上线、商品 3D 呈现、短视频内容聚焦。消费者对于品质需求的满足，源自对于优质内容的需求，如图 1-1 所示。

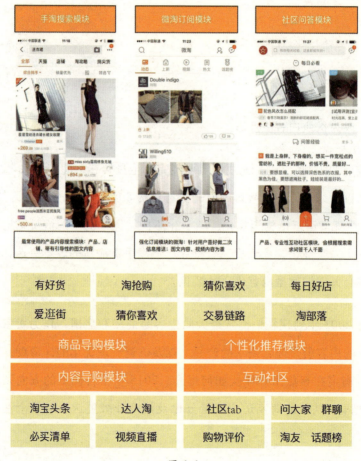

图 1-1

商家可以通过商品导购，粉丝互动来做内容化和社会化的参与。运营策略的调整，从原来的卖货模式适应内容需求的满足，从上面的内容矩阵分布看，内容导购型产品的发展迅猛，远远超过预估，市场对于优质内容的需求仍旧处于供不应求的状态。

在现在的内容生态中，创作者共建和粉丝互动所产生的内容在商品销售中的表现最为突出。在这里需要强调的是粉丝群体，不是消费者，这个群体的力量远远大于消费者、用户的力量。创作者指的是在某一细分领域拥有一技之长的人，而在消费领域拥有对产品独到见解的群里包括时尚博主、KOL、直播红人、美食达人，等等，统称为创作者。因为这些个体在各自领域沉淀的内容是专业的，有参考性的，有见解的。每位商家都是最好的自媒体，这句话也印证了商家对商品的理解远高于消费市场。所以平台构建的内容生态矩阵，就是对新零售最好的自适应。

从 2016 年 1 月开始，手机淘宝 APP 基本上每个月都在迭代淘宝直播频道的用户体验度，淘宝直播已经成为手机淘宝内容升级很重要的一个模块，淘宝直播会与店铺、商品做无缝连接，实现了边看边买。现场＋同场＋互动的形式，实现了内容多维度的升级，消费者在经历了十年单一维度的详情页导购模式的情况下，更希望通过实时的互动和更好的产品讲解完成需求满足。对于商家而言通过直播这个工具，还可以快速帮助商家构建商品认知和品牌认知，而淘宝直播平台对于主播的要求使然（必须是优秀创作者），通过真实呈现的创作者专业性帮助优质商品进行信任构建。从而完成交易转化，所以淘宝直播频道也成为新的商家营销工具。

1.3 传统零售与内容电商融合

本节要点：

- 强交易行为导致的疲软。

- 内容电商本质分析。

- 融合的必要性。

传统零售与传统电商在经营与运营的过程中，通常惯用的促进交易达成的行为是秒杀、满减、买赠、折扣、任选、定额礼包、低价等，这些全部是促销手段。

在传统零售交易结构中，一切思考都是以销售结果为导向的，没有太多思考和价值创造的商业思想构建下，零售商家以推销或促销的方式完成着自卖自夸的动作。当然这里面也有很多的套路：如何进行饥饿营销、如何制造热卖假象……这些方式在实际经营过程中确实可以产生立竿见影的既得利益，所以，在传统零售与传统电商普遍的市场行为中，推销和促销构成了主流销售方式。

这些方式在任何零售形式初期都非常有效，甚至可以将这样的方式折算进市场营销费用，很多电商用这样的方式把 SKU 做多、供应链做强或者平台做大。而后整个经营的生命周期会很快进入平缓发展甚至衰退期。

我们既是商家，也是消费者，作为零售从业者，会经常谈到"同理心"。"同理心"是指易地而处，切身地理解他人的情绪，感同身受地明白及体会身边人的处境及感受，并可适切地回应其所需。我们来看一下推销与促销的弊端显现。

消费者：可供选择的商品太多，且同质化严重。所呈现的促销信息太多杂乱。在繁杂的信息中寻找值得信任的信息极力佐证自己的判断，如果信息也是同质化的，那就出现比价的行为，直至对促销方式疲软购买力下降。

商家：经常促销降价毛利难保，难以实现盈利。

经历了三年的消费迁移，很多内容导购的平台应运而生，典型的例子是蘑菇街，后发展为社会化内容电商。再后来跨境电商蓬勃发展，越来越多的消费者进行网购时价格敏感度变低，更易受优质内容影响忘记价格，甚至陷入疯狂消费的状态。

至此，内容社区电商真正开始大规模发展：

主打消费分享直播的淘宝直播；

主打品质商品导购的有好货；

主打女性购物逛街的爱逛街；

主打消费达人购物分享的必买清单；

主打 UGC 经验分享的手淘社区；

主打商家信息分享的微淘社区；

主打 PGC 分享的淘宝头条。

以上都属于内容电商、网红电商，不同的销售模块都在通过"内容"，进行营销构建。

内容电商，其内容可以理解为我们要对消费市场输出的有价值的信息，而内容呈现的形式包括图文、音频、视频，以及现在当红的直播。这里要进行意义的区分，如果仅仅是输出内容，很容易被划分到自媒体的范畴。内容电商是要对内容的可变现性进行规划的。

内容是用来商家连接商品或品牌、连接商品或品牌与消费者、连接消费者与商家的核心构件，用内容构建消费者的"信任感"，通过内容输出信息、思想、知识、价值主张。优质内容在消费者使用的过程中就已经产生了交易，消费者已经将自己的时间投入在了内容的使用上，所以如果要通过内容进行营销，从而产生销售交易的第一步就是建立消费者对于你所生产的内容的依附度、建立情感从而产生长久的信任。更深层次的理解，交易规模的大小，取决于信任的规模。

从消费行为的角度，多一个维度视角看待内容电商：消费者的消费行为从 PC 互联网逐步迁移到移动互联网的过程中，因为物理屏幕的变化，物理空间连接虚拟空间的入口物理设备发生变化，在此环境下，消费行为由需求扁平化的基于物的消费方式，转变为 KOL、创作者、网红等意见领袖引导的消费升级。大众消费行为更多地转化为寻找，寻找优质内容，寻找某个领域的专业内容的消费行为，这个行为可以理解为"逛"。

作为零售从业者，从线下走到线上，不管是因为交易效率提升，还是因为交易规模变大，我们开始使用新的交易渠道进行商品流通通路的拓展。在强交易属性的电商平台环境下，我们学会了品类策略、流量运营、爆款策略等，我们更多的是在使用技战术完成强交易。

在新的内容电商、网红电商模式下，我们除保留立竿见影的技战术外，更要思考的是围绕交易属性构建的价值性内容输出，以及通过内容如何完成认知培养、情感培养，以进行信任构建，从而产生、促进交易。追其本质，就是价值创造，价值输出。

1.4 无线淘宝历史版本发展轨迹解读

本节要点：

● 手淘发展轨迹解读。

● 零售变化分析。

进入互联网的端口设备从 PC 到手机，越来越方便地实现了人们线上、线下的切换。由于消费升级，消费者的第一需求将转变为追求更有品质的商品、更具个性化的产品，逐渐成熟的消费价值主张在连接互联网设备的变革环境下，发生了很大的变化。

2014 年开始，手机淘宝聚焦在用户体验度的提升；2015 年，针对商家店铺、流量分化、个性化做了大量工作；2016 年，手机淘宝希望建立一个生态，要向生活消费去引导，往社区化、内容化、媒体升级去发展。

2003 年到现在，淘宝最大的内容是商品和店铺。从 2014 年开始，手淘开始考虑围绕商品和店铺特性方向做拓展，推出了有好货和爱逛家两个产品，针对商品导购的方向开展内容拓展。2015 年开始强化咨询型内容，做了淘宝头条，重新改造社区，重新定义微淘。2016 年视频和直播是更好的用户体验度升级的内容形式，可以引导用户消费的另一种形态。到 2017 年或者 2018 年，手机淘宝会往 VR 和 AR 方面去发展。

对于商家而言，不应该如温水煮青蛙般在零售环境中生存，而应该嗅觉灵敏地发现各种变化，适应变化。而传统电商致使的基于商品的商业思维在庞大的零售平台已经逐渐在演变为基于关系的商业思维。不管哪个层级的商家，都应该审时度势，顺势而为之。

2013 年 10 月手机淘宝上线，借助"双 11"、"双 12"两个大型活动推进消费群体迁移，如图 1-2 所示。

2013年回顾

版本号	更新时间	更新关键点	更新导向
3.4.1	2013年10月31日	双11特别版发布	活动导向,带入新的销售平台
3.4.5	2013年12月3日	双12特别版发布	增加生活圈功能,个性化推荐;……微淘新鲜改版

图 1-2

2014 年聚焦在手机淘宝应用的用户体验度提升，出现更多的关键词是优化，另外一个很重要的工作就是将商家进行迁移，如图 1-3 至图 1-5 所示。

2014年回顾			
版本号	更新时间	更新关键点	更新导向
4.0.0	2014年1月14日	更新全局导航系统；全新旺信聊天模式；再次优化微淘模块；优化好货推荐，优化用户体验度	手淘用户体验度全新升级
4.0.1	2014年1月21日	在上一个版本之上优化注册流程	持续优化用户体验度
4.1.0	2014年2月24日	3.8手机淘宝生活节——特别版	导入更多生活消费入口，上线淘宝生活模块实现更多O2O便民服务
4.1.2	2014年3月7日	强化3.8活动内容增加	为3.8增加5个惊喜活动上线

图 1-3

2014年回顾			
版本号	更新时间	更新关键点	更新导向
4.2.0	2014年4月22日	新版本；新增全球购、特色街、行业精选，发现好店	优化购物下单流程，提升系统性能
4.3.0	2014年6月11日	优化展现：包邮、专享价无线端加权；搜索个性化；再次升级微淘、店铺的上新优惠、达人分享	新增【发现】；优化我的淘宝
4.6.1	2014年7月26日	优化抢购买体验，优化搜索结果页的筛选功能，提高精准度	第二次提到优化搜索端
4.8.1	2014年9月16日	上线：搭配套餐、买手推荐；支持通讯录快捷分享！购物车性优化	持续优化好友动态

图 1-4

2014年回顾

版本号	更新时间	更新关键点	更新导向
5.0.1	2014年10月14日	优化手机联系人分享流程；优化多项细节体验；备战双11,强化优惠信息	优惠券提权
5.1.0	2014年10月31日	开启双11疯狂模式！红包、抢秒杀,活动提权。优化机型匹配	活动提权,备战双11
5.1.4	2014年12月5日	备战双12；上线"吧啦"通过发布图文,分享宝贝可以结交更多小伙伴→粉丝导向	粉丝传播导向清晰

图 1-5

2015 年侧重社区化功能的形成和完善。2014 年达人模块上线后,几个版本的迭代都是围绕着这方面进行的,在 2015 年更迭轨迹上,可以看出逐渐形成的内容矩阵,以及基于创作者粉丝化传播为导向的和正在构建的社群化营销模型。

重点强化的买家之间的互动,让交易更具温度和情感,也是在千人千面个性化的交易环节中,诞生出的信任加权,如图 1-6 至图 1-9 所示。

2015年回顾

版本号	更新时间	更新关键点	更新导向
5.2.0	2015年1月5日	2G/3G网络优化	持续优化O2O；上线"拍照购"
5.2.3	2015年1月31日	店铺首页中的"优惠"频道升级为"店铺活动"；新增评价晒图的大图预览功能	优化买家购买用户体验
5.2.4	2015年2月27日	首页上线"达人淘"；生活频道重度优化；有好货增加专题和更多分类；优化我的淘宝和收藏夹；全新抢购	收藏夹优化，O2O优化

图 1-6

2015年回顾

版本号	更新时间	更新关键点	更新导向
5.2.5	2015年4月7日	上线"手机极简开店"；完成达人淘模块发布强化社群营销；有好货优化逛体验；优化淘宝头条	提升用户体验度，强化社群营销模块
5.2.7	2015年5月11日	猜你喜欢升级；优化达人动态；优化聚划算宝贝详情的购买体验；优化店铺首页，强化淘友间分享功能	强化粉丝化传播提权，优化用户体验度，强化店铺用户端验度
5.2.8	2015年6月4日	社区上线！优化抢购的宝贝排序	重大方向性优化

图 1-7

2015年回顾

版本号	更新时间	更新关键点	更新导向
5.2.9	2015年6月18日	优化聚划算用户体验度；强化手淘社区	强化社区用户体验度
5.3.1	2015年7月7日	多啦A梦主体版本上线；淘友全面上线；分享之手功能上线；上线"淘口令"；微淘新增"特惠"频道	非常清晰的粉丝化传播导向优化
5.3.2	2015年8月20日	优化收藏夹升级为收藏夹，开通分类功能；红人圈带你购时尚；淘口令；微淘全新升级，精准搜索收藏店铺宝贝，随时获取收藏店铺的爆款和降价商品	社群化营销导向更为清晰，个人化个性化趋向清晰

图 1-8

2015年回顾

版本号	更新时间	更新关键点	更新导向
5.3.3	2015年9月10日	掌中宝全新上线，购物贴身小助手；天猫国际全新升级	平台优化
5.4.0	2015年10月8日	双11备战！评价优化：支持修改评价，买家秀图片新增美化工具，并支持同步到社区	有效评价提权；侧重提升买家用户体验度
5.4.1	2015年10月19日	上线品牌闪购；上线截屏分享功能，保存图片就可以找到宝贝；评价升级：买家秀新增美化工具；红人圈：达人教你最in穿搭	再次深化分享动作结构，升级买家评价系统及红人圈
5.4.2	2015年11月18日	上线:好不好"问大家"，向已买用户提问，获得真实使用反馈	优化底层用户群的互动性

图 1-9

经历了 2015 年的社区化改造，2016 年完成了 16 个版本的迭代。2016 年的轨迹如果用一个关键词来描述的话，那就是内容化。1 月份上线的直播频道，重度优化，作为内容升级及多维度用户体验度提升的营销工具，直播在 2016 年受到了极大的重视，如图 1-10 至图 1-13 所示。

2016年回顾

版本号	更新时间	更新关键点	更新导向
5.4.3	2016年1月7日	上线想买的宝贝一键分享给好友；"送礼"新玩法上线，给好友准备个惊喜	平台提活策略
5.4.4	2016年1月28日	上线直播功能 边看边买	多维用户体验度营销工具上线
5.5.1	2016年2月26日	聚划算3.8专属服务	独立频道业务优化
5.6.02	2016年4月6日	迭代直播频道，尽在达人淘；迭代微淘新增更多频道	频道业务迭代优化

图 1-10

2016年回顾

版本号	更新时间	更新关键点	更新导向
5.7.0	2016年5月3日	直播频道功能迭代；超过1000位帅美萌红人进驻【爱逛街】；接入iPhone健康数据	基于红人的导购模式持续迭代
5.7.1	2016年5月16日	聚划算66大促, 喊语音口令 抢百万红包	独立频道活动优化
5.7.2	2016年6月6日	直播小窗全网跟随功能上线	独立频道业务优化
5.9.0	2016年7月4日	淘气值定义会员新身份, 越高越给力；直播送礼功能上线	频道业务迭代优化

图 1-11

2016年回顾

版本号	更新时间	更新关键点	更新导向
5.9.1	2016年7月11日	到家频道新版上线 上门服务—站式解决	独立频道活动优化
5.10.2	2016年8月4日	圈子开通群聊；优化直播, 边看边购物；宝贝分享升级 可合成长图发给好友	独立频道活动优化
5.10.3	2016年8月16日	直播购物升级 直播间橱窗上线	独立频道业务优化
5.11.0	2016年8月30日	主图全景效果优化 转动手机无死角查看宝贝；直播购物升级	频道业务迭代优化

图 1-12

2016年回顾

版本号	更新时间	更新关键点	更新导向
6.0.0	2016年9月28日	社区升级为问答经验社区；淘宝二楼升级；宝贝分享再升级；商品主图优化全景效果	用户体验度提升
6.1.0	2016年10月18日	品牌狂欢城；AR互动游戏；密令红包；双11红包；直播双11完全体上线	双11备战
6.2.0	2016年11月24日	淘宝亲亲节；淘宝主播，倒计时惊喜；微淘标题群聊功能启动；外卖商家代金券上线；社区升级为问答经验社区，上一买家帮你解答	双12备战
6.2.1	2016年12月13日	双12亲亲节下线	版本迭代

图 1-13

2017 年开年的三个版本都在进行稳定性迭代，这也是侧重于对用户体验度的提升。手机淘宝也是一个产品，是众多商家依附的零售平台，站在零售行业顶端的平台生态和对于零售行业引导的发展轨迹很清晰地分析了消费迁移、消费升级、消费行为引导的轨迹。我们作为零售行业从业者，应该深度思考，适合自己的基于关系的商业模式应该如何构建，又如何顺势而为之，融合进大平台的内容化、社区化，构建自己的新零售，如图 1-14 所示，此图更新至 2017 年 3 月 7 日。

图 1-15 至图 1-17，展示了手淘更新关键点。

2017年回顾

版本号	更新时间	更新关键点	更新导向
6.3.0	2017年1月3日	淘宝主播,倒计时惊喜;微淘标题群聊功能启动;外卖商家代金券上线;社区升级为问答经验社区,上一买家帮你解答	版本稳定性迭代
6.4.0	2017年1月24日	淘宝主播,倒计时惊喜;微淘标题群聊功能启动;外卖商家代金券上线;社区升级为问答经验社区,上一买家帮你解答	版本稳定性迭代
6.4.1	2017年2月4日	淘宝亲亲节;淘宝主播,倒计时惊喜;微淘标题群聊功能启动;外卖商家代金券上线;社区升级为问答经验社区,上一买家帮你解答	版本稳定性迭代
6.5.0	2017年3月7日	好店升级 看视频逛精选店铺;我的淘宝改版;全新品牌秀场;详情页结构优化,板块快速切换	新版本

图 1-14

2017年回顾

版本号	更新时间	更新关键点	更新导向
6.5.3	2017年3月16日	直播盛典盛大开幕;好玩主播,神器店铺,精彩栏目缤纷不停;直播专享福利,直播购买更优惠	直播模块优化
6.6.0	2017年4月5日	直播专享福利,直播购买更优惠;"我的淘宝"改版;详情页结构优化	更新文案
6.7.2	2017年5月25日	村淘来了!开启AR捉猫的虚拟奇幻之旅;淘宝直播的宝贝短视频,让主播更用心,宝贝的全貌,淋漓尽致为你体现	直播强化单品呈现用户体验度优化
6.8.1	2017年6月5日	直播频道全面电视台化升级,更直观的海外买手购物直播,更专业的宝贝评测和讲解	直播用户体验度优化

图 1-15

2017年回顾

版本号	更新时间	更新关键点	更新导向
6.8.2	2017年6月16日	同上一个版本优化	直播模块优化
6.8.6	2017年6月22日	淘宝直播的宝贝短视频，让主播更用心，宝贝的全貌，淋漓尽致为你体现	强化宝贝切片及宝贝短视频
6.9.0	2017年6月28日	淘宝造物节造物能量场；消息入口变化，功能体验升级，开启品牌服务和群聊互动。用户说板块全面升级 买家秀试用头条海量消费者为您分享种草心得	常规版本更迭
6.9.1	2017年7月6日	淘宝造物节造物能量场；消息入口变化，功能体验升级，开启品牌服务和群聊互动。用户说板块全面升级 买家秀试用 头条海量消费者为您分享种草心得	常规版本更迭

图 1-16

2017年回顾

版本号	更新时间	更新关键点	更新导向
6.10.2	2017年7月27日	88会员节盛典；微淘新增短视频拍摄编辑工具；视觉品牌全新升级	版本更迭

图 1-17

1.5 传统电商困局

本节要点：

• 传统零售困局。

• 传统电商困局。

• 传统电商的运营策略。

传统的线下零售业和制造业通常会采用零售终端铺设，完成多销售渠道构建。通过销售渠道铺设将产品源源不断地送入消费者手中，并通过传统媒体完成空中广告宣发以增加消费市场认知与信任。这也就意味着交易成本增加，以及货品流通效率低下的问题。

而电子商务与传统行业及传统零售有着截然不同的运营本质，电商更注重品牌和商品的社会认同感培养，应运而生的就是有一个爆款型产品达成 0-1 线上销售的启动。当从业者更多地意识到电子商务属于零售的范畴时，应该更多地思考传统零售在实际经营过程中无法或者低效达成的销售行为是什么。电子商务之所以改变了国民的消费行为，其本质是电子商务更注重积累用户数据、快速适应多渠道并行运营、注重网络营销、不断更迭客户服务质量和产品带给用户的用户体验。加之资本，交易效率提升，网络营销效能提升等助推，完成了电子商务的进化。

电子商务不是简单地通过互联网销售产品，虽然被划分进零售的范畴，虽然也可以狭义地这样理解，但产生销售仅仅是电子商务运营过程中的结果之一，在经营过程中还会围绕人、货、场进行流量、转化率、客单价等维度指标的动作执行。

流量运营是线上店铺运营工作中占比很重的模块性工作。基于用户购买需求后的浏览和搜索的销售产生，最终导致流量成本越来越高。这些成本也会转嫁到商家身上，并最终由消费者买单。随着流量红利越来越少，直通车的价格越来越昂贵、采购成本越来越过高的情况下且处于开放的交易平台，商家没有深入运营流量的思考，长期循环做的是新流量获取进行的一次变现动作，这可以理解为流量都是平台的，虽然我们产生了成交，但并没有将流量进行深耕细作，平台内绝大部分卖家都在进行着一次流量获取变现的重复性动作，都在重复着流量争夺的竞争，导致流量成本持续攀升。

从另外一个角度——电商从业者的角度看待，关键词＝流量，需求＝关键词。可以理解为流量运营实则是需求运营。自 2014 年之后，在庞大的关键词库中，品牌词、人名词及专属流量关键词的搜索指数节节高升。2013 年之后，经历过爆款操作的从业者会很明显地感觉到爆款的销售体量逐年下降，关键词带来的搜索流量规模也在下降。其实并不是市场需求或者行业需求下滑，而是自由流量盘的内容电商正在迅速崛起。

而内容电商在流量的运营上本质并不是内容，而是属于流量红利的另外一个红利：老客户红利。

随着平台流量的结构发生改变，用户的在线时间也变得碎片化。消费者的需求更倾向垂直的互动型社区、社群、创作者等封闭或半封闭的环境，因为信任结构的转移，消费者越来越接受更具情感、更具温度的消费引导。

传统电商的困局不仅仅是流量的困局。在数据化运维的系统思想下，可被观测的泛需求下滑，操作由点击改变为滑动后的平均停留时长下降、主图详情化等。一切变化都始于破局的动因，内容电商时代正在开启，用内容构建认知，建立消费市场信任，以不变应万变。

2

是时候开始做内容电商了

2.1 内容电商来了

内容电商是电子商务发展过程中必然存在的营销形式。十年电商，通过电子商务做得最多的就是内容提供，或者可以理解为，内容供应效率的提升，实现了交易效率的提升。量变才会质变，传统电商每个品类数以万计的商品，每个商品都会存在详情页，每个商品的评价等都可以称为内容，是商家洞察消费需求或根据自我供应优势形成的内容输出。所以，十年电商，作为零售从业者，每天都在和内容打交道。

你可能会问，我们不是一直在做内容电商吗？

在传统电商的运营过程中，我们会对商品进行包装，对商品进行拍摄呈现，创意策划，形成详情页，引导用户进行买家秀互动，这些都是内容。我们使用了扁平化的网页载体对内容进行了呈现，而这些内容是扁平化的，以图文的形式存在。在超大体量的开放式评估对比中，扁平化的图文内容并不能对消费行为进行带动性升级。

个性化内容与全品类电商比，本质的变化除连接互联网的设备发生了变化以外，质变后的价值性内容越来越被大众所接受。传统电商的购买路径是搜索、选择、比价、购买，性价比导向非常重要，消费者为了购物而购物。而个性化的内容是具备专业性的团队或者个人，帮助消费者对商品进行严格筛选，所有的内容形成的出发点全部源自对消费需求的洞察。我们处在一个物质多到溢出的时代，然而眼光、格调、判断力等专业性的能力，却变得稀缺。在某一个领域长期坚持提升所形成的匠人情怀、专业技能、独到见解都是构建价值性内容的基础。

个体或机构需要持续稳定地输出有价值的内容，而内容的本质是构建认知和信任的工具。

举例：

一份简历是你的工作介绍，这份工作介绍就是你销售自己时间的内容，而这份内容的价值取决于你曾经做过的工作中取得的成绩。

这份简历内容构建的是招聘单位对你的认知，你在面试的过程中，你通过声音讲述的内容，通过文字呈现的简历，都是可以帮助你建立认知的工具。而对于做到的事情的描述会在短时间建立对你的信任。

在这个过程中你要销售的就是你的时间和你自己。这就是内容的本质。有价值内容自然会为不同的结果导向完成引导。

电商的价值，更多地应该以在消费领域的引导性作为价值出发点。例如，企鹅吃喝自媒体 [零食评测机构]。消费动作可能就在我们聊天的瞬间完成，朋友推荐，偶尔的一个有价值的分享都会引导我们产生消费动作，对于价值性内容的阅读，用户要消耗时间在阅读这个动作上，时间成本是在金钱成本之前的前置性消费成本。我们所生产的内容如果没有价值，消费者是不会消耗时间进行阅读的，不会阅读又怎会产生变现？

2017年年初，二更自媒体宣布完成 B 轮融资，融资金额达 1.5 亿元。二更将带领短视频内容融合消费升级。

如果将内容理解为价值信息，那么其呈现方式就是音频、图文、流媒体、短视频、直播。在不同内容的承载方式下，用户体验度、内容运营方式、宣发渠道、内容的呈现形式都不尽相同。2017年年初二更的短视频机构成功融资，也意味着在适应传播的内容载体下，用户体验度更好的短视频内容即将成为内容电商的标准配置。

传统电商与内容电商的融合，并不是简单地进行内容模块的构建，如果仅仅认为内容电商就是招聘几个文案，写写文章，然后做个宣发就完事，是错误的，这并不是内容电商，而是设立文案岗位。

内容电商的转型，需要在商业思维上进行更迭，是对内容运营、用户运营、产品运营三个模块充分架构后推进的转型。传统电商运营侧重的是流量运营，而内容电商的不同之处在于深度需求探求后的价值运营。三个模块构成的内容电商运营的本质是向用户源源不断地输出价值引导消费。

内容运营：基于用户调研，完成需求探索，对存量需求和潜在需求进行供需论证。有效性内容的输出其实是在需求发现后的供应满足，所以，内容产品化的方法论形成于此。如果不懂用户，无法看到需求，甚至不去做需求调研，如何形成内容型产品？需要再次强调的是，内容的功能是构建消费市场对产品的认知。

用户运营：如果内容是用来宣发获取新流量的工具，那么用户运营则是重度运营老客户群体，深度服务好老客户群体，意味着自有流量盘的规模和忠实性。复购率经济是助长个体品牌的利器，直接引导的另外一个结果就是客单价。在传统电商抱怨流量成本居高不下，老客户回购不高的消费闭环中，用户运营就是在为自己搭建蓄水池的动作。

产品运营：产品＝供应，供应是否可以满足需求，是否可以精准地满足需求，这是在存量需求下的供应思路，深度运营用户时，隐形需求往往可以带来更意想不到的市场机会点。内容与产品、产品与用户、内容与用户的高度融合，构成了内容电商的核心模块。

是时候开始做内容电商了，消费行为升级的本质是需求升级，在长达十年效率型电商更迭下，扁平化、同质化的内容并不能为零售从业者构建自己的蓄水池，一味的性价比导向也让零售从业者不得不思考零售的本质、需求的本质。量变才能发生质变，效率型电商已经无法适应和满足消费升级的当下，而价值型内容电商可以更好地帮助消费者进行消费引导与消费决策。虽然内容电商仅仅是零售行业更迭的一个时期，但我们应该顺势而为之，将自己的价值主张通过内容输出出去，完成交易质量升级。

2.2 直播内容电商化运营思路

传统电商不能迎合消费升级，很多中小卖家认为是平台技术升级带来的消费升级，并一味地追求运营技术层面的经验积累。实质上是消费的主力人群转移到移动互联网以后，"90后"、"95后"很难对上一代人所使用的电商平台保持兴趣，他们希望更有个性、更好玩、更新奇，满足他们的购物心理。而"社交化""人格化"则会变成吸引年轻人购物的重要平台属性。

2016年是直播元年，迅猛的娱乐直播平台在极短的时间内造就了一个又一个收入神话，基于荷尔蒙经济的娱乐直播以新的社交方式在极大程度上聚合了人格化属性。而直播商业化也是各大直播平台一直在讨论、研究、尝试的重要方向。

2016年1月，淘宝上线直播频道，在以图文内容为重要内容输出的零售平台内，直播互动给出了全新的电商交互方式，消费者在直播的过程中可以直接向买手、品牌方、达人创作者进行提问与互动，并即时收到回答反馈。现场＋同场＋互动的方式在零售交易过程中极大地提升了社会化与个人化在购买环节呈现的用户诉求与用户体验度。平台通过将消费领域的KOL、明星、网红直播化，将有不同喜好与需求的消费者通过直播间互动聚合在一起，以更社交化的形式服务消费者，并进行消费升级。

2016 年 6 月 20 日，淘宝网红店主张大奕照例给她的粉丝带来每月月末的一次上新，对于张大奕来说，在非"双 11"的每一个上新周期内，她的店铺销售额都能保持在千万元。与以往不同，2016 年 6 月 20 日 20 点开始销售时，张大奕同时开通了自己的淘宝直播间，用直播的方式向粉丝介绍每一件衣服的详情和穿搭方法。据淘宝方面数据披露，本次直播间场观超过 41 万人次、点赞数超过 100 万次。截至 22 点直播结束时，店铺在两个小时内的成交金额近 2000 万元。这不仅对于张大奕的店铺来说是一次销售额的突破，也刷新了由淘宝直播间向店铺进行销售引导的销售额记录。

在 2017 年 2 月 27—28 日举办的第六期达人学院培训上，TOP 主播薇雅进行了现场直播案例教学，薇雅通过直播完成 3 个小时 11 万单的战绩。从 2016 年 5 月进入淘宝直播做主播，在短短不到一年的时间完成 70 万粉丝积累和 11 万单的销售成绩，这都源自薇雅和她的团队对于粉丝的了解与互动。坚持持续的新品更新，深入的粉丝互动，完整的团队架构是薇雅团队进行消费引导的重要构件。

贝塔斯曼资本汪天凡曾给出过一个他看待电商项目的公式：大流量 × 高转化 × 高客单(毛利) × 强复购 × 低履约成本＝一个电商的性感程度。这在综合型电商平台很难被呈现或者完整地构建出来。但是在直播＋商业化的进程中，以"社会化""人格化"的消费引导却可以构建一个性感的电商模式。

　　直播电商化在过去一年时间里，已经被验证是可行的。越来越多有意见性的个体愿意成为主播，分享自己的经验心得，也有越来越多的商家、品牌重视直播在商业化中的不可或缺性。看待直播视角不同，其功能属性也不尽相同。

　　从商家的角度看待直播，应该顺势而为之。从最基本的维度思考，经营需要流量，需要转化。未来，直播会是一种工具化的存在，像直通车、钻展、投放的图文内容一样，对于直播的应用，应该理解为店铺营销工具。

　　对于营销工具，在使用的过程中我们需要思考，应如何更好地与工具本身属性融合，进行商品销售、需求满足。因为直播电商化是 2016 年才诞生的新的营销方式，所以，很多中小卖家、品牌并不能够很深入地进行直播合作。如图 2-1 所示是"双 11"直播的玩法。

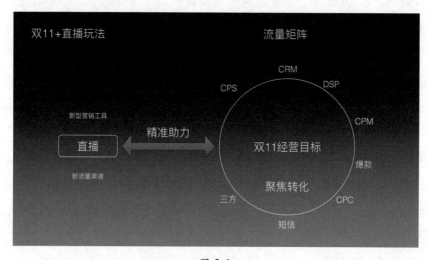

图 2-1

传统电商运营过程中，会有流量闭环的概念。在传统流量运营思维下，直播也是新的流量模块，但其又是独立的新型营销工具，作为卖家或品牌方，不应仅停留在流量获取和产品销量达成上，而是利用直播完成产品理念输出、品牌认知构建。需要让主播完成产品学习、品牌认知，用"社会化""人格化"的思维进行产品的营销设计。

直播正在成为电商的基础设施，"人格化"的商品呈现、讲解，更多维度的产品细节通过直播完成，相比传统电商的详情页、图文内容，直播的"现场 + 同场 + 互动"的方式更受新消费力量人群的喜爱，只是在直播野蛮生长的过程中，质量参差不齐。在未来，更多的联合性深度营销更迭后，直播作为电商必备的基础设施会更好地为商业服务。

中小卖家、品牌方与直播的合作都应该进行深度策划，针对主播、粉丝、互动、话题、内容等模块进行重要的脚本策划与初期的深度沟通。直播作为新型的社交营销工具，已经不再是单一维度的买卖关系。商家应该更多地思考如何将商品与主播融合、商品与内容融合、主播与粉丝互动。而这一切都是直播电商化，站在 B 端要进行部署的，而主播更不能只看到眼前的利益，仅仅是完成销售获取利益关系，从本质上应该帮助消费者进行合理的商品筛选，给粉丝更好的供需匹配，只有这样才可以上升到直播营销化，实现三方共赢，如图 2-2 和图 2-3 所示。

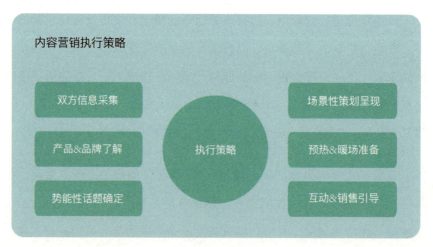

图 2-2

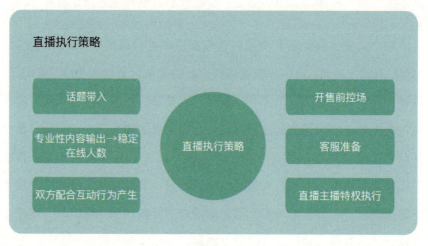

图 2-3

2.3 直播内容产品化

内容产品化，以做产品的思维进行内容规划，并形成产品的形态进行价值输出。为什么进行内容产品化？内容就是内容，产品就是产品，内容产品化的意义是什么？直播内容产品化的策划融合会起到怎样的作用？新营销工具的高效性是我们不断思考并优化的方向。

在市场行为中，零售产生的动作是一买一卖。虽是简单的动作，但也是价值交换的过程和供需满足的过程。我们可以用服务、产品进行价值交换，而价值的衡量标准就是金钱的多少。如果想要获得更多的金钱回报，就需要提供相对应的价值输出，这在经营个体及产品形态的呈现上都需要直观地表现出来。

创造价值就是产品在完成设计过程中的市场立足点，这会面临切入需求机会点的选择、市场规模的选择，还有要面对的竞争力度。同为价值输出方，同样看到需求，我们是否可以看到更深层次的需求？是否可以在同类竞争中创造和输出我们的价值？这在自我价值构建的过程中非常重要。做得非常好，又叫好又卖座的产品其实永远是少数。就算非常市场化的公司也不见得持续性输出优秀的产品，更何况半路出家并无太多沉淀的产品人。

传统电商在经营的过程中就是很好的例子，传统电商在本质上是零售，只是通过线上交易的开放性提高了交易效率，但与此同时带来的是产品经营的绝对扁平化。拥有零售经验的人会更懂消费心理，会更懂需求洞察，从而完成产品构建、品牌认知培养，甚至系统性线上运营思路，这些全部来自行业从业经历的沉淀和积累。但毕竟这样的从业者少之又少，更多的是夫妻店、刚毕业的大学生、草根创业者。大多数中小卖家并没有价值创造的意识，仅仅是以抄袭的方式进行技战术迭代，走捷径，做特惠，价格战是惯用的交易动作。

寻找有价值的个体或者产品是进行市场行为的有效基点。一顿饭好不好吃，是否会让你产生二次消费，这就是创造价值、输出价值、体验价值的过程，本例中的价值体并不是饭店，而是饭店后厨里的大师傅。大师傅的手艺就是他的价值，呈现出来的产品就是美味的菜品。所以，作为零售从业者，如果愿意观察，其实会发现很多创造价值、输出价值的个体或者产品都有不错的市场反馈。

逍遥子曾经说过："每一位卖家都是最好的自媒体"。线上零售经历十年的发展，从货架式售卖平台逐渐转型为"社区化""内容化"的购物平台，其核心是价值性内容的创造与需求的个性化匹配。因为需求的升级，消费行为也产生了升级，购买的前置动作就是用户的时间成本，价值性内容所值得用户消耗的就是时间成本，这也是社交货币的概念形成。

在零售领域，内容的本质在其功能性划分上，可以分为内容输出体认知构建、内容输出体价值构建、内容输出体信任构建、内容输出体营销策略行为构建及用户关系构建，当然也充当了产品与用户之间关系的构建，但这在内容电商领域不是最重要的。当内容被赋予这么多职能时，就意味着"内容"是可以满足不同需求的。我们要做的就是如何将"内容"的价值性与个体、产品、机构等载体的价值相叠加，用"内容"自身的价值帮助个体、产品、机构等完成上述价值构建。

在基于对价值创造和价值输出的考虑方面，内容要产品化，这也迎合了内容电商的消费升级的引导性。如果要实现价值性内容效能最大化输出（也可理解为个体价值与"内容"价值的叠加输出），需要将焦点放在价值性个体的塑造和培养上。这也是直播内容产品化的利基点，现在直播商业化还处于野蛮成长期，通过各种打折、叫卖、促销等策略完成售卖的过程等同于扁平化的竞争红海，而真正能够起到用户跟随、消费行为引导的一定是价值性内容导向。

淘宝直播机构在筛选和招募主播时，有明确的规定，微博粉丝关注数量需要在两万以上，这非常明晰了怎样的个体可以成为主播，粉丝关注数量越大，也就意味着引导消费行为升级的势能越大。而对于拥有粉丝的个体而言，已经被认知的标签及可以被持续稳定输出的价值性内容是其内容产品化已经被完成的价值认知。这样的 KOL 自身就是某项技能的价值创造者，他们会用图文、视频的方式将自己的认知、经验、观点分享出来，通过强媒体基因的微博工具进行宣发，从而获得更多人的关注与追随，如图 2-4 所示。

图 2-4

直播是可以更多维度提升用户体验度的工具，现场＋同场＋互动的立体呈现，可以更好地将个体所创造的价值进行呈现。直播内容产品化，需要考量直播主体的整体价值性规划输出，以及在进行不同形式的现场直播过程中，如何围绕价值进行脚本策划与输出，除此以外，还需要考虑以同场为导向的互动性话题的策划。话题性是与用户进行价值互动的过程，这里可以被延展为个人价值与群体价值的互动。当我们拥有粉丝的时候会发现，真正的粉丝群体的价值观是和 KOL 的价值观相吻合的。所以，话题性设计也是价值性互动的设计。

直播内容产品化，并不是一个新的概念。从自媒体爆发的元年开始，就已经有很多自媒体领域的大咖在进行各种内容产品化的分享，站在产品的视角看待内容并对其进行产品化规划，目的只有一个：构建消费信任。而直播内容产品化，则需用另一个维度看待内容产品化，那就是将直播的本质与内容产品化相结合，实现直播工具个体价值、"内容"本身的价值叠加，更好地完成消费引导。

2.4 淘宝直播与内容营销

内容营销本质是一种同现有和潜在顾客交流而不谈销售的手段，属于非干扰性营销。让用户感觉我们不是在推销产品或服务，而是在传递能让其深入理解的信息，或者是愉悦他们以建立情感联系。这种策略的精髓就在于：我们相信，作为卖方的我们，如果连续不断地向购买者传递有价值的信息，那么最终他们回馈给我们的将是业务往来和对我们的忠诚。

顾客在乎的不是我们自身、我们的产品或者我们的服务。他们在意的是他们自身的欲望和需求。内容营销就是创建客户感兴趣的信息，通过吸引他们对这些信息的关心，以达到顾客关注产品和服务的目的。

实际上，社交零售在很大程度上涵盖了内容电商与网红电商。内容电商与网红电商都是通过内容传递它们的信息，尽管两者之间有很多交集，但它们实际上是两个截然不同的实体，焦点、目标和过程都不同。它们有着不同的重点、不同的目标和过程。内容电商更侧重于价值性内容长期稳定的输出，从而构建认知与信任。需要结合更多的内容宣发渠道进行价值输出、需求引导直至产生交易变现。而网红电商的营销中，会将重心营销活动的焦点放在社交网络内部。当完成了内容的编写后，会通过强媒体基因的社交媒体完成推广，而这个过程更侧重于内容推广。

因为需求升级，对于价值性内容的获取源自最底层的需求与欲望的满足。所以，这也是网红、KOL、创作者、时尚博主会被追随的本质。对于零售从业者，急功近利是扼杀内容营销的根本。笔者也做过不同粉丝体量主播的访谈，只有真正站在粉丝立场完成内容构建，进行价值性内容输出，才会受到爱戴和拥护，并与之建立情感联系。

内容与内容产品化都是围绕内容营销进行的系列性动作。内容，是指可以用来与别人分享的任何文字、图片或像素、声音或流媒体。其主要目的是能够引人注目、参与互动，或为大家带来快乐。内容营销区别于内容的地方在于，内容营销必须服务于业务，必须以营利为目的，通过告知、互动或使顾客感到愉快的方式，引导顾客产生购买行为，并为个体、机构或者企业带来利润。

内容营销与为了推销产品竭力向顾客推送产品、优惠、折扣的内容区别就在于：内容营销是创建及传递价值性内容以吸引明确的或潜在的目标受众的商业营销过程，目的是促使顾客做出能为企业带来利润的行动。

在实际操作过程中，大部分零售从业者与主播甚至机构都无法上升到价值性内容构建，以及内容营销的层面，主播在进行直播输出的过程中，仅仅是完成了商品推销的过程。长此以往，并不会产生直播回看率及客户忠诚度。很大程度上，只是因为推销过程中通过商家让利完成的关注交换，这并没有太多的意义。

信息传递的形式、价值性思想的评估、实际可被解决问题的知识、可被认可的价值主张都是优质内容的要素。在实际参与直播的过程中，可以将上述四个大的要素分别套进对产品、互动及内容的思考中。

很多主播会问，"我每天要播多久""我都不知道要说什么"。很多零售商家一上来就问，"要给多少优惠""一场直播可以卖多少"。主播把直播当做卖货的工具，零售商家把主播当做卖货的销售人员。不管任何一方都应该相信内容的力量，不要只把内容当做一种工具和手段，要让用户认可我们的内容，而不是用我们的内容去吸引眼球。更深层次的价值性内容构建用以完成内容产品化规划，而这两者真正的目的是形成内容营销，完成自我价值交换与信任构建。

所以，在笔者来看，直播并不是播得越久越好，主播可以输出的内容也并不是越多越好，因为"更多"并不意味着更好。

如果希望每一场直播可以更高效，就需要进行内容营销的策略设计。有效的策略设计需要围绕什么事、为什么、什么时间、何种方式、什么人五个问题进行思考。

有了目标范围后，进行检验。你足够明确吗？你需要更进一步吗？弄清这些后，开始充实你的工作：他们具体是谁，对他们而言什么是最重要的。既要有人口数量统计，又要有定性的心理特性。

好的内容可以为客户解决问题，它必须满足受众生活中的某个需求，并以其中某个需求为核心需求，确保内容是以用户需求为导向的。在此过程中，需要思考什么样的内容是最有效的，是否能够生产更为有效的内容满足需求，并基于经营目标和用户群体，创造对两者皆有帮助的内容。

淘宝是强交易属性平台，而直播是内容呈现工具，主播应当是具备一技之长的价值性个体。当三者进行融合的时候，首先应考虑的是主播产品化的市场认知与主播的信任构建，而不是既得利益的获取。内容与主播内容产品化服务于主播的营销，以完成主播的内容营销构建，从而产生的产品交易规模，跟主播的价值影响力，以及构建的信任影响力呈正相关，而直播这个新型的营销工具，可以将整个内容营销的策略以更好的体验让用户参与进去。

3

解读淘宝直播

本章要点：

* 淘宝直播呈现方式

* 怎么参与淘宝直播

* 淘宝直播趋势与价值

3.1 淘宝直播呈现方式

2015 年 2 月底，一个名为 Meerkat 的真人视频直播上线 APP Store，不到一个月时间收获了超过 30 万用户，并迅速拿到 1400 万美元的融资。国外的几大巨头纷纷布局此领域，Twitter 迅速斥资近亿美元收购直播应用 Periscope，另外，Snapchat、Facebook、YouTube、Amazon 均已涉足，并投入巨大资源进行推广，如图 3-1 所示。

图 3-1

国内的疯狂程度远超国外，从 2015 年开始，各大互联网公司纷纷投入战略性资源进行视频直播布局。

新兴的视频直播APP：映客、花椒等。

有视频、短视频基础的：优酷、腾讯视频、美拍、秒拍、网易、芒果TV、六间房、Bilibili、AcFun等。

原来以语音为主的：YY、唱吧等。

原本与视频几乎无关联的：陌陌、小米、聚美、蘑菇街等。

游戏类视频直播：斗鱼、龙珠直播、TGA、虎牙直播、YY游戏、熊猫TV、战旗TV、全民TV、火猫TV等。

我们能很明显地感受到各大公司看到直播之后的震惊，并且迅速开发上线，生怕在这一轮竞争中掉队。我们也能从各大直播APP背后的巨头看出一些端倪。

腾讯：腾讯直播、QQ空间视频版、Bilibili、斗鱼、龙珠直播、TGA。

百度：百秀直播、爱奇艺。

阿里：淘宝直播、陌陌、优酷土豆、AcFun。

360：花椒。

YY：YY直播、ME直播、虎牙直播。

网易：网易 Bobo、网易 CC。

新浪 / 秒拍：一直播、MSeeTV。

小米：小米直播。

万达：熊猫 TV、17。

同时，还有上百个真人直播类的应用，以及有可能即将杀入的百度视频、搜狐视频、凤凰视频、乐视视频、今日头条、唯品会、美丽说、暴风影音、京东、华为、苏宁等，如图 3-2 所示。

图 3-2

此外，移动直播的迅速普及还得益于新的移动互联网环境：

（1）4G 网络的普及和流量资费的大幅下降。

（2）拍照手机的普及。

（3）移动支付的普及和消费习惯的养成。

（4）弹幕等互动方式的完善。

至此，社交平台完成了从文字 → 图片 → 语音 → 视频 → 视频直播的进化，中外皆是如此。

直播购物模式本身是一种很新的购物模式。经过两个月的试运营之后，"淘宝直播"正式上线，目前女性占据绝对主导地位，淘宝直播的"边看边买"功能，让用户在不退出直播的情况下就能够直接下单主播推荐的商品，每天直播近500场，超过一半的观众为"90后"。

与一般的直播不同，定位于"消费类直播"的手机淘宝平台，是淘宝2016年重点打造的"边看边买"内容导购社区平台，手机淘宝首页下滑至"淘宝直播"即可看到。淘宝直播以淘宝平台为载体，作为一种消费类直播，它的内容组成是一条长尾，分布着各种消费领域的KOL、村红、明星等群体。商家寻找合适的主播或者直播机构，进行合作，依托机构和达人帮自己卖货。

主播以视频直播加互动卖货的形式将商家的产品更生动地呈现在消费者眼前，呈现的方式有很多，从空间概念上来说，它可以是最简单的在主播自己的直播间直播，也可以棚内搭景来一场场景直播，更有甚者可到一个真正的环境中，身临其境地来一场直播（例如，推销农村的土特产，直接到农村，进行一场"原汁原味"的直播）。

每个主播个人风格的差异也会导致呈现形式的区别，有些主播会更多地与其所要售卖的产品"互动"，她们会尽可能试用、试穿自己的产品。有些主播则注重介绍产品的内在细节、产品特色。

总之，一切都是为了能让商家卖掉更多的货，让主播赚到更多的钱，让顾客买到更合心意的商品，如图 3-3 所示。

图 3-3

如果你是一名"剁手党"，那么你肯定听过淘宝直播最近的惊人战绩：柳岩直播 10 分钟就卖出了 2 万件核桃、4500 件柠檬片、2000 多件面膜和太阳镜，等等。除了明星之外，一位"村红"也通过淘宝直播在 5 秒的时间内卖了 4 万个土鸡蛋。这一切数据说明，视频直播购潜力无限。同时淘宝直播在这两个案例中也展现出了丰富的直播形式，如图 3-4 所示。

图 3-4

某家具品牌的现场直播，主播直接到线下的商场里进行了一场身临其境的直播，如图 3-5 所示。

图 3-5

很多主播讲解她们的产品都会非常细致，比如家私，就会从面料的材质、质感、舒适度方面介绍，如图 3-6 所示。

淘宝、天猫的主要消费人群是年轻女性，边看直播边购物，无疑是一种享受和体验。不过多数男性用户不会对购物直播有兴趣，与电视购物一样，购物直播必须聘请名人参与，这样能够迅速抓住观众的眼球。购物直播有着自己的优点，能够更加生动、形象地介绍产品，其实和视频介绍产品类似，只不过直播可以让观众或顾客参与进来。网购的一大弊端就是无法看到实物，淘宝购物只能根据评论和销量来衡量商品的质量。

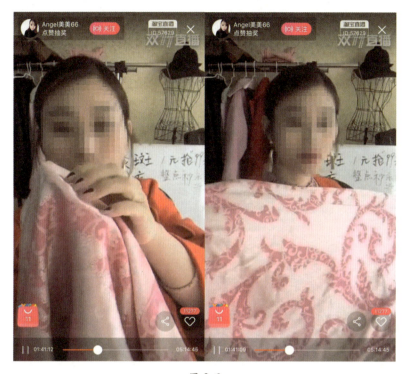

图 3-6

淘宝直播毕竟是营销性质的直播，消费者本能上会反感硬性植入广告。因此，购物类的直播，必须增加其娱乐性，没有多少用户愿意一直看电视广告。对直播主持人的要求比较高，具备一定的主持风格，否则，很难吸引观众或潜在顾客。淘宝又推出了一种可以在视频直播上打广告的模式，与淘宝直通车差不多，为店铺吸引大量流量，但具体如何收费，现在还是未知数。

淘宝开了个头，其他电商平台也会紧随其后。或许全民直播时代已经来临，如同秀自拍一样，直播自己的生活点滴也未尝不可。但如果直播的内容没有什么实际价值，恐怕这样的直播平台也不可能生存下去。所以，直播平台还是要创造优质的内容，这样才能长期获得用户的认可。

3.2 怎么参与淘宝直播

淘宝直播目前是所有直播当中申请最难的，可以毫不夸张地说，目前淘宝直播个人途径进驻的通过率大概只有千分之一到万分之一。越来越多的美女、帅哥及内容输出者们认识到了淘宝直播的红利所在，大家都在争做淘宝主播，可是，随着主播的批量化进驻，淘宝直播团队对主播的要求日益提高，甚至出现了部分投机倒把分子以给主播开通直播权限为由收取高额费用的问题，据了解，市场上最高价已经达到了 3 万元一个直播权限。这也从侧面说明了进驻淘宝直播不容易。

满足淘宝直播入驻要求的商家和主播，都可参与淘宝直播。

第一，必须有一个绑定了支付宝实名认证的淘宝账号。

第二，根据账号属性的不同，具体要求也不同，具体如下。

普通会员／阿里创作者（非商家身份）：微博粉丝数大于 5 万，最近七天内至少有一条微博点赞数和评论数过百（明显僵尸粉或有转发、评论水军的情况将取消申请资格）；或其他社交平台的粉丝数大于 5 万（含 5 万），粉丝互动率高。

阿里创作者：阿里创作者（不含有商家身份）粉丝数大于 1 万（含

1 万），最近 7 天内至少发布过一篇图文帖子。

淘宝卖家：淘宝商家要求微淘粉丝大于 4 万（含 4 万）。因为各个行业的不同，对主播的要求也各不相同，以每个行业的要求为准，这里不做强制要求。

第三，需要有较强的控场能力，口齿伶俐，思路清晰，与粉丝互动性强，因此，需要上传一份主播出镜的视频（视频大小建议不要超过 3MB，5 分钟时长左右），充分、全面地展现自己。

满足以上三点就能成为淘宝主播，如图 3-7 和图 3-8 所示。

图 3-7

图 3-8

下面具体看一下怎么成为一名主播。

（1）打开手机淘宝客户端，在首页第三屏左右找到"淘宝直播"这个栏目，单击右上角"更多"按钮，如图3-9所示。

（2）单击右上角的"人形"小图标，就进入了自己的页面，选择"视频"，单击右下角的"发布"按钮，如图3-10所示。

图 3-9   图 3-10

（3）首次进入会让填写阿里创作者申请，申请通过后就可以成为淘宝主播了。

　　主播需要哪些申请条件？网友们总结了几点，仅供参考：①喜欢购物，有非常丰富的购物经验，这样别人才会相信你的挑选能力；②时尚，有品位；③品牌知识面广，可以挖到很多一般人不知道的品牌好货。具备以上几点，去申请阿里创作者才会有成功的可能，如图 3-11 所示。

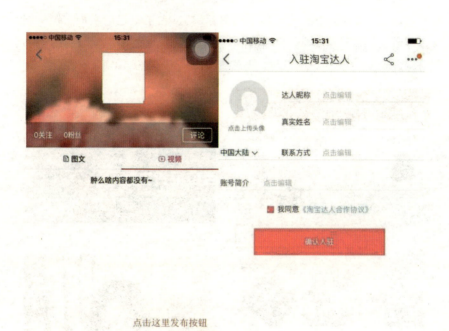

图 3-11

3.3 淘宝直播趋势与价值

如图 3-12 所示，随着电商领域越来越快的发展，整个生态将更加完善。商家、顾客对淘宝直播的关注度与重视程度也将进一步提升。淘宝直播未来将成为一种"社区预热，直播互动，淘宝成交"的消费生态直播，充分利用主播的粉丝属性、互动属性、成交属性。将来卖家人人可以做直播，买家处处可以看直播，如图 3-13 所示。

图 3-12

社区预热　　　　　　　　直播互动　　　　　　　　淘宝成交

图 3-13

淘宝直播也会以发展的眼光看待现在直播火热的局面，从自身做起，实现突破。这些分别体现在以下几个方面。

1．提升主播整体素质

淘宝直播的提升体现在方方面面，如之前提到的主播入门门槛的提升。对于现有主播能力的要求也将越来越高，比如颜值不突出或者没有出众才艺的主播都有优胜劣汰的政策，那些总是"拉家常"的行为也将不再允许。

2．应用场景

淘宝直播越来越注重场景化和内容化。很多直播都追求身临其境，能让观众更加直观地看到产品所处的"位置"与"状态"。对商家来说这能更好地说明一个产品，为产品加分不少，对于消费者来说也更具吸引力，如图 3-14 所示。

图 3-14

3．高清画面

未来淘宝直播将告别"渣画质"，使直播画面更加清晰。提升粉丝的观看体验，如图 3-15 所示。

图 3-15

4．互动体验

未来淘宝直播将增加更多的互动方式和互动体验，结合当今较为火热和前沿的 VR、AR 技术，将淘宝直播做得更加真实，进一步提升购物体验，如图 3-16 所示。

图 3-16

直播前的思考

本章要点：

* 做直播的目的
* 直播的传播渠道
* 直播的传播形式

4.1 做直播的目的

1. 商家篇

作为商家的你一定听说过这些关于直播的案例及数据：淘宝女装店主张大奕 2 小时销售 2000 万元；奶爸吴尊淘宝直播一小时卖出 120 万元的奶粉；女神柳岩聊着天卖出无数柠檬片、面膜，购买转化率接近 20%；淘宝主播薇娅创办的美食节 3 小时卖出 15.4 万单的神奇数据……这些数据都在淘宝直播诞生。那么商家到底该不该做淘宝直播？

"流量、内容，以及利益链上的金主是组成直播的三个要素，平台拥有了这三个要素就能玩起来，在淘宝生态中，这个闭环体系更清晰。"淘宝直播负责人陈镭说，当下互联网环境中，决定消费者购买决策的媒介在改变，从原来的货架图文展现模式，向内容引导模式转变，商家要在这些新的内容展现方式上寻找流量，进行商品曝光。直播就是一种媒介，而主播是内容产生的机制。习惯无线端购物的消费者也越来越倾向于内容购物。

淘宝平台上，除张大奕外，还有雪梨、Lin 等红人店主，她们在微博、微淘等社交渠道有很强的内容推荐和粉丝引导能力，现在让她们利用直播来推广和给自己的店铺引流无疑是更直接、更快速的一种方式。淘宝直播是一个入口和形式，除让商家直接参与外，还能以更多的形式赋能商家和商品，如让商家通过淘宝直播这一介质获取流量。未来直播甚至可以直接在店铺首页或者详情页展示。此时，用户体验有了新的改变。对于商家而言，流量便是王道，如此新颖的流量渠道是否该抓住呢？这值得每位商家思考，如图 4-1 所示。

图 4-1

2. 个人篇

淘宝直播是阿里推出的直播平台，定位于"消费类直播"，用户可"边看边买"涵盖的范畴包括母婴、美妆、潮搭、美食、运动健身等，它与其他的直播平台完全不一样，又不同于电视购物。

"90 后"女孩都有个梦，都希望能成为当代社会的"网红"。只要你敢想，有做网红的梦，那么淘宝直播就是一个无门槛的绿色通道。一个主播就是一个 IP，根据个人的样貌特征、性格特点、营销模式等都会有固定的粉丝圈，正所谓"萝卜青菜各有所爱"。粉丝必定是有经济价值的，观看淘宝直播的人群 80% 以上是女性用户，她们来到直播间的唯一目的就是购物。然而对于大小商家，在这个风口都是一次洗牌的机会，谁的试错成本低，累积速度快，那么风口的红利期就能够很好地把握住。当然这里最大的关键就是做不做，以及做的速度快慢的问题。观望的结果只有一个，就是一直在错过，永远和机会失之交臂。毕竟任何风口的红利期都是率先尝鲜的商家吃肉，犹豫且行动迟缓的商家只能蹭一点汤喝。2017 年，有目共睹的风口是淘宝直播，所以，个人应该把握好机会。

无论是商家还是主播，以下几点为什么要做直播的理由能征服你吗？

① 新兴，且展示方式历史性改变，必然吸引淘内淘外客户眼球。

② 购物体验更直观、更立体、更真实。

③ 直播的感染力和口碑度及促进分享方面的能量远超其他。

④ 优质主播客户沉淀比优质商家的客户沉淀更好做且黏性更大，而且直播达人对淘宝黏性也大。

⑤ 直播无疑是商家最好、最快的选款工具，也是最好的导购工具，而且还有品牌打造、清库存打造基础销量等诸多功能，而且更多功能还有待发掘发现。

⑥ 自营店铺或品牌，如果有一个或者几个不错的主播的话，是非常容易打造的。

⑦ 主播的粉丝沉淀上，还有很多文章可做，而且是暂时不可估量的。

⑧ 还有一个最核心的理由，传统电商多数还处在营销叫卖阶段、极力作证、功利心明确，这是页面展示的弊端，而直播是可以改变这个行业现状的。

⑨ 做得好的主播是自带人格和消费双重标签的，不仅仅是渠道而已。

⑩ 直播的反应速度和信息反馈速度，以及各方面的动作都是实时的，线上零售相比线下零售，信息等各方面速度快了很多，直播的这种"快"迎合了这种时代变化。

4.2 直播的传播渠道

1. 商家篇

有了优质内容，怎么才能快速宣传呢？在很多行业，软文是商家的营销利器。软文推广最初曾是微博、豆瓣、公众号上的主要宣传方式之一，一篇好的软文可以带来好的效益。随着直播的盛行，越来越多的商家开始通过这样的方式来宣传自己的产品。直播的方式可以让买家更直观地看到产品，优质、有创意的内容会让观众产生依赖、兴趣。内容的推广可以选择粉丝较多的网红主播，利用粉丝效应来达到推广效果。如果是对品牌的宣传，可以选择直播＋发布会的形式来达到宣传目的。也可将直播内容作为宣传视频的脚本来完成视频的录制达到宣传效果。

直播间的分享途径有微信、微博、淘宝。这样的分享可以达到一传二、二传四的几何式增长效果，传播速度非常快，也可达到很好的宣传目的，如图 4-2 所示。

图 4-2

2．个人篇

如果你已经是有粉丝基础的红人，可以通过分享直播间的方式来宣传，通过你的粉丝帮助分享来让更多人了解你的产品。如果没有粉丝基础，那么需要有优质内容的输出能力，内容的输出可以帮助你成为某领域 KOL 或者让你的优质内容来帮助你吸引粉丝。内容的输出渠道主要是微博、公众号、淘宝。优质内容的输出是双赢的，既可以吸引粉丝，还能吸引商家达成合作。

4.3 直播的传播形式

1. 商家篇

作为商家，打动消费者的要点首先无外乎产品本身自带光环，其次就是营销时的内容是否具有吸引力，是否专业。目前 PGC（专业生产内容）比较广泛，未来淘宝直播会从"内容的 IP 化"和"内容的场景化"两方面来进行优化。UPGC 即 UGC+PGC，产出高质量、具有粉丝黏性和影响力的内容。不同主题的各类场景，内容生产方和消费者都能在场景下实现高效匹配。这种方式是商家做内容形式的趋势，用专业化引导消费者的购买。当然 PGC 也有专业性体现的属性，UPGC 优化了消费者的体验，如图 4-3 所示。

图 4-3

2．个人篇

如果没有团队，想要长期做出众的内容是一件困难的事情，会遭遇内容枯竭的瓶颈。UGC 更适合个人，需要体现出个性化，与众不同更容易让人印象深刻。如果你是 KOL，可以选择 PGC，专业的内容输出会让人产生信任，更容易形成粉丝经济，转化率会很高。

5

直播的内容运营

本章要点：

* 什么是内容运营

* 怎样做好直播的内容运营

* 直播前的准备工作

*PGC 直播案例与复盘

5.1 什么是内容运营

运营，是对运营过程的计划、组织、实施和控制。结果导向是一切运营计划制定的核心准则。对于内容、内容产品化、内容营销工作的开展皆是对内容运营进行的一系列执行计划的落地执行。

线上零售运营是一项很重要的工作，会涉及数据运营、流量运营、产品运营、店铺运营、用户运营等模块，各模块都会有不同的 KPI 指标，执行细节与执行计划支撑，多年的运营操盘过程中笔者带过很多团队，最终取得胜利的运营团队都是在不断调整的运营计划下坚定落地执行以结果为导向的团队。当线上零售卖家越来越重视内容电商、网红电商的当下，以往的传统电商运营模块也因为经营本质的改变发生了运营侧重模块的改变：内容运营、产品运营、用户运营、品牌运营、社群运营自适应后为了融合业态、需求升级而改变的运营模块可以更好地满足需求升级后的运营匹配。

内容运营、产品运营、用户运营三个模块构成了内容电商、网红电商运营的核心三个模块。三个运营模块的运营核心是围绕运营个体的价值进行构建与输出，且三个模块全部可以用不同的数据指标进行考核与结果复盘，之前在对内容与内容产品化、内容运营的诠释中，比较清晰地阐述了价值构建的重要性，而内容运营就是针对价值性的构建与输出的有效性进行的一系列计划、组织与执行的可行性落地。

内容策划、内容创意、内容编辑、内容宣发、内容优化、内容营销等工作构成了内容运营的主要工作。内容素材的采集一种是来自用户反馈，将用户产生的信息反馈作为高质量内容，通过编辑、整合、优化等方式进行加工，并进行多渠道宣发及直播脚本化策划。对于直播内容运营的策划，更应该注重每一场直播的价值性输出，这项工作其实和用户运营是息息相关的。另一种是一些媒体产品、机构内容、新媒体为主的优秀专业内容为核心的内容采集。

明确自有核心产品，是进行内容运营的第一步。要想做好内容运营，一定要从有效的需求定位开始，这也涉及产品运营的信息反馈。对于自有核心产品的了解是对用户需求的洞察，用户会在什么样的场景下对我们所供应的商品产生直接需求，什么样的用户会产生未来潜在需求，核心产品与行业内竞争相比，优势与劣势是什么。这里所讲的产品不仅仅是物理性质的产品，也包括人，在某种意义上讲，人如产品，产品如人。直播场景化的呈现过程中内容运营并不是仅仅服务于物理产品的销售，前置的运营执行是为了人的销售。

有需才会有求，内容运营就是在发现真实需求后，通过价值性内容的满足从而完成精准供应匹配。只有找准了真实需求，才可以完成围绕需求所形成的内容性产品规划。

在申请成为淘宝主播的过程中，标签是个体主播快速确定自己定位的工具，也是长期需要稳定输出价值性内容的方向标，如图 5-1 到图 5-5

所示。在直播过程中，所有输出的内容都是要围绕核心标签进行认知构建，以及供需匹配度提升。在实际直播运营过程中，我们会看到很多主播偏离自己的核心标签，很纯粹地在进行流量变现，匹配各种产品，对于这些商品的考量仅仅停留在佣金多少的层面，并未对用户需求及产品自身价值进行深度了解，在直播过程中所能输出的内容也仅仅局限在现场直播过程中的商品优惠力度。因为大家都在这样讲，绝大部分的主播都在这样做，新晋主播也会这样效仿。在这个过程中，因为没有内容运营的概念，导致的直接结果是粉丝并没有跟随性，只是为了对比产品的性价比，从形式上又回到了传统电商的竞争模式。一味地在产品的性价比、价格上做文章，虽然可以产生立竿见影的营业收入，但实际并不符合内容电商、网红电商的本质。

【公告】淘宝达人认证达人规则2017.5.25

热 达人导购 发表于 2016-10-31 23:05 浏览（123213）回复（582）赞（31）

淘宝达人创作达人 / 大咖 / 红人认证规则

淘宝达人之创作达人 / 大咖 / 红人认证规则主要分为基础准入规则和内容创作规则，淘宝达人平台有权根据平台发展所需对该认证规则进行修改。且认证规则必须同时满足《淘宝达人平台管理规范》的相关要求。

一、 基础准入规则

基础准入规则					
达人层级	实名认证	粉丝数要求	内容健康度	达人活跃度	粉丝活跃度	账号身份
普通达人	是	/	/	/	/	/
创作达人	是	1000	400	50	/	非卖家身份
大咖	是	20000	400	50	10%	非卖家身份
红人	是	/	/	/	/	行业红人店铺身份

申请入口：为淘宝达人平台（daren.taobao.com）—达人成长中。达人满足相应基础准入标准后，即可点击申请相应的层级，申请后需要经过人工审核才能进行完成认证。

图 5-1

二、内容创作规则

内容创作规则

大类	分类	认证要求
账号信息	达人头像	达人头像要真实、清晰、与达人属性有强关联，不能包含促销信息、侵权信息；不能为店铺名称。
	达人昵称	达人昵称要与达人属性强关联，突出达人人格化特征，不能包含促销信息、侵权信息。
	达人账号背景图	达人账号背景图需清晰，凸显达人内容调性，不能包含促销信息、侵权信息。

图 5-2

内容信息	内容条数	最近30天内容数大于等于5条，且至少有一篇为优质长文帖子内容
	内容质量	1、内容需原创，不能有抄袭或侵权问题； 2、有明确的内容定位且属于生活消费属性，内容能够有主题有重点的表达个人见解，不能出现过多的促销文案； 3、内容中若推荐商品，需与商品有强关联性，不能过多引用商品详情描述；且内容正文不能以直接推荐商品开头。 4、若推荐多商品，需上下文有衔接，不能商品罗列连续发布；
	图片质量	1、内容中图片需原创，不能使用侵权图片； 2、内容中图片不得有牛皮藓，不能拉伸变形； 3、内容中图片布局要合理，不能连续发布； 4、内容中图片不能过多引用商品主图或详情图。
	商品质量	选择的商品需符合《淘宝规则》、《天猫规则》，如不能选择黄赌毒相关商品。
	专注领域一致	达人发布内容需与达人身份特征或达人站外内容特征一致。
	外链	文案/图片/视频中不得包含外部网址或关注微信、app下载等信息。

图 5-3

三、审核时间

自申请之日起5个工作日内给予结果。

四、认证达人降级规则

1、数据指标不符合基础准入标准，降级到下一层级；

2、账号信息或内容信息出现不符合认证要求，降级为普通达人；

3、触犯《淘宝达人平台管理规范》相关条例，降级为普通达人，严重情况直接清退达人。

图 5-4

五、达人认证流程

达人点击按钮，就进入申请流程。所有淘宝达人符合系统设定的准入标准之后，在达人成长模块中，对应层级的申请入口就会亮起。认证流程如下：

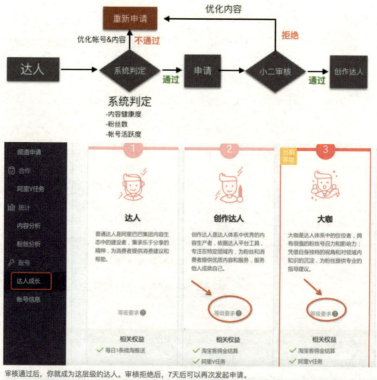

图 5-5

直播的内容运营应该包含单场直播有效行策划、周期性直播有效行策划、围绕商品价值输出的内容脚本、互动性话题策划、现场活跃度内容策划、刺激转化的内容策划等。主播在进行直播输出的过程中，需要动态地对这些内容进行调整，这在初期运营过程中，需要整个团队一起进行磨合与演练。在实际执行过程中，场控需要从开始到结束对整个直播过程进行监控，并对互动过程中的用户反馈进行动态调整。长期磨合后，整个直播流程会成为惯性动作，粉丝也会适应整个流程的节奏，主播也可以更好地带动直播现场＋同场＋互动的群体节奏。

现场＋同场＋互动让直播在商业化链条中找到了自己的定位：当下用户体验度最好的社交零售营销工具。用户体验好，并不是因为聚焦在价格而展开的一系列内容规划与运营，而是将人的个体价值与商品本身的价值以多维度的展现工具更鲜活地呈现出来。所以，更多消费者在消费的过程中，更希望看到有价值的内容，虽然利益的驱使会产生既得利益变现，但拥有优质用户体验度营销工具的主播，更应该侧重自身价值的内容化呈现，以及复购率、客单价提升的内容运营策略上。

直播内容运营的目标导向，是拆分并执行内容营销有效性的核心。单场直播的有效性可以通过不同的目标设定完成其直播内容运营有效性的评估。单场实时在线人数、人均观看时长、单场粉丝增长量、单品营业额、单品转化率、现场互动率等指标都会作为模块内容运营有效性评估的结果。模块内容运营，特指在目标结果运营为导向的执行过程中，针对某一个结果进行特定内容执行测试的运营。这也是直播运营的聚焦化运营思路。

内容运营是要不断通过调研、规划、设计、执行、复盘进行内容有效行提升的过程。可以站在用户的视角看待产品，站在营销的视角构建内容，站在需求的角度看待价值构建，这三个模块的深度理解构成了内容运营的有效性。直播的实时性互动形成了直播商业化的工具壁垒，而内容运营则可以协助在实时性互动的同时完成有效性价值输出，可以快速帮助消费者完成主播认知、商品认知及信任感培养。

5.2 怎样做好直播的内容运营

内容、价值性内容输出、内容产品化构成了内容营销，营销的主体不应是围绕商品销售一个维度展开的，而应该是围绕人、内容、商品的营销设计。做好直播的内容运营会涉及主播的选择、价值性内容的选择、内容设计的策略，以及产品与主播标签的匹配度。

运营直播分为机构运营、个人运营及店铺运营。不同的直播模块在直播的内容运营都有不同的运营策略及内容定位，任何一种形式的运营都需要在运营初期完成定位与规划，并在执行过程中根据各项数据反馈进行调整优化。

5.2.1 机构运营

机构运营的侧重点是围绕主播内容运营的标准化而进行的一系列制定性工作，很多机构侧重的是商品资源的丰满，当然这也是作为机构先天的资源壁垒，但丰满的商品资源并不能证明机构的运作机制是完整的，在这之前，笔者曾讲过：内容运营、产品运营、用户运营三个模块的业务标准化，才能形成机构优质运营的前提。三个模块中标准化程度最高的就是产品运营，但再大的产品库，也应该针对不同个体主播完成个性化匹配，这就要依赖于内容运营的标准化复制与个性化匹配。这两者之间是不冲突的，标准化复制是将结果反馈表现良好的内容运营方法论进行复制；个性化匹配会针对个体主播完成深度商业化设计。

5.2.2 个人运营

达人、时尚买手、KOL 作为消费类意见领袖，之所以被粉丝拥护与爱戴，是因为所输出的内容是受大家喜欢的，可以满足或者解决他们自身欲望与需求的内容。我们看两个内容案例。

案例 A

案例 A

您好，我叫×××；

我曾经任职于×××公司；

做过的工作如下：

1．×××××

2．×××××

3．×××××

案例 B

您好，我叫×××；

我曾经任职于×××公司；

做过的工作如下：

1．×××××

2．×××××

3．×××××

任职期间做到的成绩如下：

1．×××××

2．×××××

3．×××××

以上是两段简单的自我介绍，唯一的区别是"做过"与"做到"，能够体现价值的是"做到"的事情，如果能叙述出来是怎样做到的，在执行过程中遇到了什么问题，并且是怎样解决问题的，就是很完整的自我价值输出，这个内容很容易将自己"销售"出去，如果再加点营销手段，一定会很抢手。

当用户打开直播间进行观看的时候，会进入封闭的直播间沉浸状态，与此同时只有打开第二部手机看另外的主播，才会产生联合评估的对比状态，否则会一直进行观看。此时主播所输出的内容价值性及现场互动的状态会增加新进用户的在线观看时长，随之增长的数字是实时在线人数的波动。

5.2.3 店铺直播

店铺直播的定位是帮助提高店铺商品认知，提升商品人格化，以及店铺用户活跃度所带动店铺复购率提升的营销工具。也可以简单理解为是用户关系维护的营销工具。当我们明白店铺直播的定位后，与其相匹配的内容运营工作就可以展开了。

掌柜对商品的理解、在产品研发与生产过程中的故事性内容、针对老用户的店铺福利、产品评测与对比，以及来自用户的反馈等内容输出，围绕老客户复购率提升与新用户认知培养起到辅助营销的功能。直播作为店铺的营销工具属于主动营销。

机构运营、个人运营、店铺直播，在直播内容运营过程中最先考虑的是适合的定位。在现在的主播群体中，大致可以分为素人、娱乐主播、达人、掌柜等属性个体。而淘宝直播的本质是符合消费升级的消费行为引导，属于重度交易基因。而定位的本质就是帮助自己确定普众消费市场自己的擅长及价值性内容输出的方向。

实际参与内容运营的过程中，定位是需要进行多维度地投放和测试的，并根据粉丝实际反馈情况进行确定。话题性是测试反馈最好的测试行为，在直播的过程中围绕单场直播主题进行一些小型的话题互动，可以通过反馈判断话题有效性、存量需求有效性、输出内容受欢迎程度等。

单场粉丝增长量、单场实时在线人数、单场点赞人数都可以评估内容运营的有效性。

直播的内容运营分为定位性内容、推广性内容、营销性内容、互动性内容、策略性内容、需求探测性内容、促销性内容等，在确定内容运营前，需要对不同的目标匹配不同的内容策略。

定位性内容的目的：帮助主播完成并清晰自己的内容输出方向，也就是接下来要说的话，输出的信息的主要方向，或者可以理解为主播的核心内容型产品。

推广性内容的目的：推广自己、推广自己的直播间、激活粉丝帮你宣传等目的确定，围绕核心定位所产生的价值性内容输出。

营销性内容的目的：营造直播间与主播所输出内容的稀缺性，设计粉丝对主播开播的期待性。

互动性内容的目的：建立情感关系，快速培养认知。快速调研人群画像，调研直接需求。

策略性内容的目的：服务于营销性内容，侧重直播现场的氛围营造，在主播缺少氛围反馈的现场，通过策略内容对直播现场进行环境氛围、主播情绪、粉丝群体情绪的提升。

需求探测性内容的目的：完成存量需求的探测，并对真需求、伪需求进行论证的内容，是日后品类产品拓展的调研性内容。

促销性内容的目的：不建议频繁（每周超过 3 次）进行促销行内容的使用，会让粉丝对主播个体产生特惠主播的标签，一旦有更优惠的主播就会产生用户流失，这是非常不利于主播的粉丝跟随性培养的内容。但如果适当使用，仅仅真对老粉丝进行限量超高性价比促销行内容，会增加粉丝的活跃度与情感联系。

以上是在直播内容运营过程中需要参与策划的内容模块，在执行过程中依旧需要通过不断的调整与执行完成周期性直播主题规划、单场直播有效行策划的效果达成。直播的内容运营一定是通过内容运营围绕人、商品、粉丝需求的匹配度展开的，内容运营的驱动力就是消费行为的引导性，无论现在你处于新晋、成长、成熟三个阶段中的哪一个阶段，都应该意识到直播并不是单纯的自我展示，在商业化的道路上，一定是会要求主播越来越专业，内容越来越更匹配消费需求。只有这样，直播才可以越来越好地引导消费升级。

5.3 直播前的准备工作

淘宝直播现在开通直播运营权限有三种方式：机构运营、个人运营和店铺运营。在开播前要做好充足的准备，除了要明白直播的本质是现场＋同场＋互动，价值性内容的规划与内容产品化的重要性以外，还需要明白，直播是围绕特定粉丝人群进行的一系列营销行为。

既然是营销行为，就需要明白营销对象是谁，要使用怎样的营销策略进行私域营销。这里需要注意你拥有的粉丝是真粉丝还是假粉丝，这会影响到未来属于你的跟随性和消费引导性。

粉丝是一个特别值得尊重的群体，真正形成的粉丝群体会用自己的行动去抵制主流的说教、指导；同时，粉丝群体会通过"粉丝群""见面会"等不同的社群雏形赋予自己实际的权利和能量。

真的粉丝，一定是感性的，是可以无视品牌或商品的少许缺憾而矢志不渝。"一呼百应"，更代表着最终消费行动上的不理性。在明白真粉丝的界定后，直播作为内容电商里用户体验度最好的工具，更应该在运营中，重视其价值输出及规范的运营体系。

直播的负责人闻仲也强调，与明星和网红直播不同，淘宝直播的定位是有趣、有料、有用的生活消费直播。有趣、有料、有用的内容就涉及价值性内容组建，这属于主播、创作者个体自带属性，当然也有运营团队的统筹与策划，直播前的准备会影响到整场直播的有效性。周期性直播策划也会影响到周期性直播的有效性。

1．确定本场直播的主题

虽然每一场直播的目的都是销售，这也是生活消费直播的目的导向，但我们依旧需要对每一场直播进行主题多样化策划，并以此作为直播内容的拓展进行内容延伸。需要明确故事要讲给谁听（受众）、怎么讲出来（叙事及呈现方式）及要说什么。直播前需要对故事主线进行策划，以保证当场直播主线的有效行。

节奏是调动群体情绪及建立情感联系的第二条策划主线，根据直播时长要完成预热、爆发、收尾三个节奏点的衔接。直播运营的节奏会更快，可以将这个过程理解为种草与割草。因为直播的性质是现场＋同场＋互动，即时性互动是直播受欢迎的根本，直播节奏的紧凑型会直接影响到单场直播所产生的营业额。预热、爆发、收尾节奏可以直接在单场直播呈现，也可以周期性呈现，这是以营业收入作为结果的策略性节奏规划。

2．确定本场直播互动设计

同场感是直播要重点关注的运营模块，粉丝和主播的互动是无声的，仅能通过文字与主播进行互动。很多主播在直播的过程中只是在自娱自乐，对着屏幕完成各种商品的介绍，并没有做话题性设计，互动环节的缺失最终导致直播间冷清，人气不高，主播也无法获得更多用户反馈以优化直播。互动性话题设计，可以从用户的痛点出发或者当下的热点话题，再或者从自己的专业方向进行。互动环节的设计，可以帮助我们采集更多的用户反馈信息，并对信息进行挖掘。当新用户刚刚进入直播间的时候，停留时间就是几秒，直播间文字互动和主播情绪会直接影响到是否延长停留的决策。用户在任何时间节点都会进入直播间，整场直播的互动设计会提高单场直播的用户平均在线时长及粉丝增长量。

实时在线人数也是衡量单场直播的互动有效性的指标。这个值体现的是直播间效率的数值，如果得出值小于30，基本表明你的观众观看时长低。

3. 确定单场使用素材

这里说的素材是一个大广义的素材，大到直播间的场景化素材，小到一张单场直播间主图，这些都是直播需要准备的素材。接触过传统电商的直播运营团队会很注意引流主图的测试和使用，一张优质的主图可以帮助主播快速成长。

人、货、场景中的场景，也是需要在直播前做场景化素材准备的。常用素材包括环境素材、直播素材、道具素材。随着直播间越来越专业，很多直播运营团队会使用推流的设备对直播间进行辅助信息推送。这就包括了直播专业设备的筹备。

4．确定宣传工作统筹

短信、微博、微淘、微信在做直播前，都需要进行单场直播的推广性运营，并对单场直播进行剧透性内容预告，对直播的利益点进行图文内容宣发。帮助单场直播的曝光量增加，也可通知更多老用户进行直播回看。以下是直播的准备工作：

- 确定人员到位；

- 现场场控＋后台场控人员各1人；

- 客服人员若干；

- 主播助理1人；

- 确定商品结构。

在直播之前，单场直播的产品结构也会影响到商品转化率。经常会看到很多主播在进行直播销售的过程中，会添加 60 ～ 70 个商品，逐一对其进行讲解推销。试问，如果是我们自己有需求产生，本希望通过达人推荐完成需求满足，结果达人推荐给我们几十个可供选择的商品，遇到这种情况，我们应该会直接跳出直播间，寻找更有价值的商品推荐。既然如此，作为 KOL，应该明白"更少但更好"，这就是价值性内容最终匹配到商品的有效输出。

所以，单场直播商品结构应该包含用户 2 ～ 3 个品类需求的横向丰满，考虑到需求流转周期，尽量避免每场直播产品结构同质化。 主播个体本身就是真实需求存在的个体，除进行主题性直播策划以外，由自身需求而产生的产品匹配，也会影响到粉丝的跟随性购买。这也是核心产品与延伸产品的关系、核心内容与延伸内容的关系。所以，在售商品结构的丰富性可以增加客件数的提升。

除上述模块性准备工作以外，还需要有更多细致性执行动作是需要同步推进的。例如，话题输出后，粉丝参与互动所产生的信息采集；直播间现场气氛烘托营造；主播节奏与话题性引导；现场互动烘托等。在主播野蛮成长期，直播的质量参差不齐，完善的准备与策划是保证单场直播有效性的保障。直播的成长一定会越来越专业，主播输出的内容也会越来越有价值。所以，每一场直播都要细心筹备。

5.4 PGC 直播案例与复盘

直播是内容呈现的形式，内容根据专业的程度可以分为 PGC、UPGC、UGC、OGC 四种不同的内容形式。

- PGC：由专业的内容生产机构进行创作的内容。

- UGC：由用户生产的内容。

- UPGC：由用户与专家生产的内容。

- OGC：职业生产内容。

四种不同的内容分级既有密切的联系又有明显的区别。一场常规直播的核心内容是以主播的专业内容作为支撑的，而专业 PGC 内容源自 UGC 内容的采集、调研与挖掘。UGC 内容的挖掘有效性也决定了 PGC 内容的专业度与价值贡献度。

UPGC 是（PGC+UGC）在淘宝直播平台产生的新的内容形式，现场＋同场＋互动的本质就是在不断地对 PGC 内容与 UGC 内容进行互动。我们看到的电视节目、综艺、娱乐大多都是录播并进行剪辑后的观看体验度，录播的焦点在于节目本身的看点。而直播 UPGC 形式的呈现，除本身的看点以外还增加了即时性互动的观看体验度。

淘宝直播的 UPGC 将 PGC+UGC 进行了互动融合，整场直播策划与执行的侧重点是销售。下面通过淘宝直播 UPGC 案例的分析，完整呈现一场有效的淘宝直播策划、执行与复盘。

案例 A、B、C 的数据来源见下面的说明。

- 观看量、点赞数据来源：前台直播实际场观、互动数据。

- UV 访客数据来源：生意参谋统计。

- 实际成交数据来源：生意参谋统计。

- 微博数据来源：微博数据平台统计。

案例 A：「22 天梦想家」

案例描述：由 4 个淘宝主播，连续 22 天真人秀，88 场淘宝直播，分解居家核心场景，所有商品植入生活剧本，打造场景营销，9 位微博与外站主播作客真人秀现场，引入站外 UV 流量 23 万次。《22 天梦想家》获得中国经典传播虎啸奖的商业服务大奖。

案例亮点：打造《梦想家》精装直播豪宅，设计 22 天生活剧本，4 位主播入住 22 天生活真实直播；4 位淘宝主播每日吃、住、玩全程直播，商品植入直播场景向观众展示产品；微博与站外红人参与话题，以访客、聚餐、约会等形式空降直播现场。

预热期（10 月 21—31 日）：

- 炒作"真人版欢乐颂，4 大主播 22 天生活直播"话题营销吸引眼球。

- 撰写每日直播剧本，所有居家、美食类商品植入直播场景，主播边吃边用向观众真实推介产品，引导加购与下单。

- 主打"看直播抢福利，双十一抢实惠"，直播＋试吃＋加购＋领券＋蓄势。

- 每日成交 800 ～ 1100 件。

突破期（11 月 1—8 日）：

- 安排 10 位微博与外站红人炒作 22 天梦想家，大咖空降直播间，引导粉丝投票，打造参与感。

- 安排 3 次，每次 4 位外站主播作为访客来到直播间，与主播一起吃，一起玩，淘宝直播与外站直播同时开播，外站主播配合淘宝主播剧本进行唱歌、游戏等才艺表演，引入外站流量。

- 主打"互动＋加购＋领券＋蓄势"。

- 双十一福利预告，利用非会场流量时间，直播采购香奈儿口红，植入双十一福利，引爆关注与加购，预告双十一极速到货体验，引导粉丝建立拆包晒单意识。

- 所有剧情、产品、福利植入病毒视频，终极预热。

- 主打"实惠可视、福利专享"。

- 双十一当天，1 小时破 2000 万元，20 秒发出第一个包裹，4 小时签售第一个包裹，早上 9 点晒出第一条微博，累计成交 1.5 亿元。

案例总结：

（1）极致营销场景：从电视购物向综艺购物转型；从卖货主播向意见领袖转型；分解营销过程，让消费者滑入成交。

（2）全网资源整合：将微博红人＋外站主播＋淘宝主播，通过事件串联；将全网资源巧妙整合变现；给予粉丝参与感，边玩边买。

（3）高效团队执行：巧妙设计双十一22天战术，打造了体验＋福利＋抢购的营销路径；专业的团队，打造3+2+1+1立体团队架构，明确导演＋文案＋摄制＋现场助理的角色分工，确保执行效果。

复盘数据：累计观看1005000人次。

累计点赞1000万次。

病毒视频播放量1057万次。

10个天猫KA商家参与。

双十一第一小时成交破2000万元。

第一个包裹发出仅用20秒。

首单4小时后即被客户签收。

双十一当天累计销售1亿5千万元。

案例B：茜你一顿饭

案例描述：《茜你一顿饭》是由十一号传媒和华盟新媒联合出品、叶一茜主持的全明星美食直播节目。该节目每期邀请不同的明星嘉宾做客叶一茜的私家厨房，开启美味直播。2016年7月15日起，每周两天，登录优酷直播和手机淘宝直播双平台，开创了常态化明星直播综艺的全新模式。《茜你一顿饭》获得国际数字商业创新奖——艾奇奖的营销创新大奖。

案例亮点：《茜你一顿饭》由叶一茜、大左、刘维、马松四位当红主持人组成茜你家族，是首档将美食、明星综艺、直播和电商完美结合的常态化明星直播节目。由叶一茜主持挑战美食直播，传递健康、时尚、家常的美食主张；与明星嘉宾畅聊私房话，奉上最新鲜热辣的明星八卦爆料，回答网友在直播过程中随时提出的问题，并进行多轮次的抽奖互动。《茜你一顿饭》首度实现了从内容到电商的全面打通，开启了"内容＋互动＋电商"的直播新玩法，为观众带来升级版"边看边买"一站式购物体验。

复盘数据：

- 7月15日第一期，主打商品销售1634件，并用1606人加入购物车。

- 9月5日第七期，关八会长花式打广告视频，微博播放36万次。

- 10月3日第十五期，直播峰值突破160万次。

- 10月17日第十九期，粉丝亲临现场，点赞数突破52万次。

- 第一、二季，直播流量总计近一个亿UV。

- 20家微博大号27次直发／转发官微，转评数最高4300余条。

- 话题阅读量累计1.5亿次，相关话题4次登上微博热门榜。

- 252篇新闻稿件35家平台投放，32次推首页焦点。

- 自媒体社交平台投放近70篇稿件，11篇阅读量过万次。

- 10篇微信公关稿投放，阅读量最高达10万多次。

- 16家APP强强联合累计135次首页推荐。

案例C：TOP梳妆台

案例描述：天猫美妆、淘抢购联合十一号传媒共同打造的美妆直播综艺《TOP梳妆台》在淘宝直播和优酷直播双平台上线。节目以"TOP榜"为核心，邀请美肤专家、时尚集团编辑和人气网红坐镇，直播推荐优质低价正品美妆护肤产品，带给观众耳目一新的感受。首播双平台观看量突破50万次，点赞11.2万次，直播中推荐的商品交易量与同时间段未参与的商品相比，同比增长118%，成为美妆PGC直播综艺的全新典范。

案例亮点：《TOP梳妆台》打造了以专业为核心的优质"直播＋内容＋电商"美妆直播PGC栏目，通过美妆专家、美容编辑和明星的合力，通过天猫美妆和时尚杂志的双重加值，通过具有公信力的"TOP榜"，通过全渠道的信息传播，为品牌带来积极有效的曝光，最短时间、最大程度为商家和产品提升品牌影响力，让受众在对《TOP梳妆台》品牌产生的信任感之上，转化为对直播中出现商家及推荐产品品牌的信任感，从而转化购买，为商家带来真正"品销合一"的全新升级。

复盘数据：

- 12月21日试播，优酷直播峰值69045人，淘宝直播人均在线时长2.09分钟。

- 首播商品最高进店转换率5.72%。

- 淘宝、优酷站内资源推广，共为节目引流45万UV。

- 通过7个自媒体覆盖人群109000余人次。

- 13篇节目稿件分布于65个新媒体平台，总流量估算为118

万 6 千 3 百次。

- 发帖累计 124 篇，覆盖 48 个论坛，累计阅读量 116200 次。
- 五大娱乐平台投放经典美妆护肤片段，累计阅读量 28154 次。

复盘

在每一个案例后面都会带有复盘分析与总结，拥有复盘方法论的运营团队会通过一次一次的案例执行与复盘进行团队执行力提升。复盘是对每一次行动后的深刻反思和可被沉淀下的经验总结。总结整个复盘的过程所沉淀下的经验，会避免再犯同样的错误；形成团队标准化执行流程，传承经验和提升执行能力，以提升执行效率；甚至可以总结规律以应对未来。

及时性复盘、阶段性复盘、全面复盘是在常规直播、周期性直播、节目性直播中必备性运营工具。既定的运营目标设定，并进行工作模块切分，以及执行环节落地致使最终的目标结果达成。复盘就是对辅助目标达成最好的动作优化工具。

6

直播变现的方法

本章要点：

* 阿里妈妈的佣金变现

* 阿里 V 任务的通告变现

* 主播的店铺变现

6.1 阿里妈妈的佣金变现

6.1.1 淘宝客解读

淘宝客简称 CPS，属于效果类营销推广。区别于淘宝直通车的按点击付费，淘宝客是按照实际的交易完成（买家确认收货）作为计费依据的。淘宝客支持按单个商品和店铺的推广形式，可以针对某个商品或者店铺设定推广佣金。佣金可以在一定范围内任意调整，较高的佣金设置将会受到更多推广者的青睐。具体佣金费用，将会在每个交易结束后根据相应的佣金设置从交易额中扣除。

淘宝客的后台页面如图 6-1 所示。

图 6-1

阿里妈妈的后台页面如图 6-2 所示。

图 6-2

在淘宝客中，有推广平台、卖家、淘客及买家四个角色，他们每个都是不可缺少的一环。

（1）推广平台：帮助卖家推广产品；帮助淘客赚取利润，从每笔推广的交易中抽取相应的服务费用。

（2）卖家：佣金支出者，他们提供自己需要推广的商品到淘宝联盟，并设置每卖出一个产品愿意支付的佣金。

（3）淘宝客：佣金赚取者，他们在淘宝联盟中找到卖家发布的产品，并且推广出去，当有买家通过自己的推广链接成交后，就能够赚到卖家所提供的佣金（其中一部分需要作为推广平台的服务费）。

四者的关系如图 6-3 所示。

淘宝客关系图

图 6-3

淘宝客的推广主要可以分成如下三大类。

（1）拥有独立平台的专业淘宝客：这类淘宝客精通网站技术，搭建专业的平台，如淘宝客返利网站（优秀淘宝站内 APP：开心赚宝、惠集网、返利、QQ 等）、独立博客、商品导购平台、用户分享网来吸引客户，赚取一定的佣金。

（2）自由的淘宝客：这类淘宝客没有固定的推广方式，不管技术还是实力都不是很雄厚，主要把论坛、博客、SNS 平台，或者微博、邮件、Q 群等作为推广方式，很适合新手。

（3）最新崛起的淘宝直播：这类利用直播来进行推广的方式，崛起速度快，易被大众接受，影像与声音的结合，让推广更为直接、有效。

6.1.2 淘宝客定向佣金计划的规则及申请流程

1. 什么是淘宝客佣金

佣金就是淘宝客为卖家推广宝贝获得的酬劳，以宝贝的实际售价×佣金比例为准。前期可建立高佣金计划吸引淘宝客的加入，佣金的设置要根据宝贝的自身利润而定（假定宝贝的利润为30%，则佣金可设为10% ~ 25%）。设置好后，卖家可随时在佣金范围内调整主推宝贝的佣金比例，设置好的第二日生效。买家从淘宝客推广链接进入起15天内产生的所有成交均有效。

2. 什么是淘宝客定向计划

淘宝客计划列表如图 6-4 所示。

计划列表	热销单品	促销推广							
计划名称		类型	是否审核	平均佣金比率	状态	30天推广量	30天支出佣金	淘客参与数	操作
通用计划		通用	否	0.87 %		1049件	¥246.6	412	查看计划
谈更大计划		定向	是	11.52 %		33件	¥178.51	5	
大计划		定向	否	4.39 %		1405件	¥12127.41	1067	
招募官有网站淘客		定向	否	3.17 %		0件	¥0	0	

图 6-4

3. 定向计划

定向推广计划是卖家为了淘宝客中某一个细分群体设置的推广计划。

卖家可以选择淘宝客加入，也可以让淘宝客来申请加入。可以让淘宝客在淘宝联盟前端看到推广并吸引广大淘宝客来参加；也可以由卖家与某些大网站协商好，以让卖家获取较大的流量，让淘宝客获取较高的佣金。

除一个通用推广计划外，掌柜最多可以设置 9 个定向推广计划，在创建定向推广计划时，可以选择计划是否公开（即其他淘宝客是否可以看到此计划）、审核方式（即如果对于不符合申请条件的用户，需要掌柜手工审核），以及开始和结束时间。

4．佣金设置规则

（1）卖家可以随时在佣金范围内调整主推商品佣金比率。

（2）卖家可以随时在佣金范围内调整店铺各类目的佣金比率。

（3）买家从淘宝客推广链接进入起 15 天内产生的所有成交均有效，淘宝客都可得到由卖家支付的佣金。如果掌柜退出淘宝客推广，退出后 15 天内推广链接仍有效，用户在此期间点击推广链接，拍下商品后仍旧计算佣金。

（4）佣金根据支付宝实际成交金额（不包含邮费）乘以佣金比率计算。

（5）如果买家通过淘宝客推广链接直接购买了这件商品，按照该商品对应的佣金比率结算佣金。即如果买家通过淘宝客推广链接购买了店铺内主推商品中的某一件商品，按照该商品对应的佣金比率结算佣金给淘宝客；如果买家通过淘宝客推广链接购买了店铺内非主推的商品中的其他商品，按照店铺各类目统一的类目佣金比率结算佣金给淘宝客。

5. 定向佣金如何申请

进入淘宝联盟后台，搜索需要推广的产品或店铺，有自动审核通过和手动审核通过两种。如未通过商家审核的，此佣金计划将不生效，此时会执行默认的通用计划。

6.1.3 淘宝客佣金结算 & 提现

结算：自买家点击商品推广链接起 15 天内，被推广商品的拍下交易，成交后均依卖家设置的佣金比率计算佣金。

提现：进入淘宝联盟结算中心，在账户余额中进行提现，输入想要提取的金额与验证码（验证码需在手机中查看，这个手机号就是当时注册淘宝客时，与支付宝绑定的那个手机号），单击"确定"按钮，提现成功，提现结束后会直接在下边显示余额。需要注意的是，提现有一定的延时，不能立即到账，这与绑定的银行卡有关。

提现后台如图 6-5 所示。

图 6-5

佣金结算日期即佣金支付给淘宝客的时间，具体如下：

（1）一般情况下，每月 20 日结算上个自然月的淘宝客佣金。

（2）如当月 20 日为休息日或法定节假日，将改为当月 20 日之前最近的工作日结算上个自然月的淘宝客佣金。

（3）如遇重大事件或不可控因素影响结算日期的，将提前另行通知。

20 日为结算日，由于结算订单量大，结算时间会较长，建议淘宝客耐心等待，21 日再进行提现操作。

6.1.4 商家沟通技巧

1. 获取商家联系方式

（1）通过钉钉、旺旺、QQ、微信等社交群获取信息。

（2）在淘宝首页各大主题板块选款，再从定向计划详情页获取信息。

（3）在淘宝联盟 - 超级搜中筛选商品，再从定向计划详情页获取信息。

（4）在淘宝 PC 端、无线端各展位获取商品信息，再从定向计划详情页获取信息。

（5）在各淘客平台中选商品，再从定向计划详情页获取信息。

（6）在淘宝联盟首页下载精选优质商品清单，再从定向计划详情页获取信息。

2. 商品要求

（1）店铺要求：集市店信誉不低于 3 钻，企业店信誉不低于 1 钻，天猫店皆可；店铺评分 DSR 不低于 4.6（三项飘红优先）。

（2）商品要求：天猫商品评分不能低于 4.6，应季商品优先，高性价比商品优先，严禁淘宝主播守则中禁播类目商品。

（3）建议主播根据自身特点去选款导购，形成独有的主播风格，既能吸引忠实的粉丝，又能提升导购效果，令商家满意，实现双赢。

（4）不建议主播什么类目都招，因为这会导致粉丝人群不精确，影响导购转化。

3. 商家谈判流程

（1）价格上的让利是最能吸引粉丝的，"砍价"是选款之后谈判的第一步，根据对市场行情的了解，让商家给出适当的粉丝优惠。

（2）佣金谈判，基于"砍价"的基础上收取一定比例的佣金。主播结合市场行情和自身的导购能力开出商家能接受的比例，除去成本，每单亏损 5 ～ 15 元是商家能接受的范围（不同类目商品以实际沟通价为准）。

（3）选择店铺运营能力较强的，可与商家谈全店合作，每次直播提供几款性价比超高的秒杀款，佣金比日常低一点也能接受，店里其他宝贝可放宽优惠、佣金要求。

6.2 阿里 V 任务通告变现

6.2.1 阿里 V 任务平台介绍

1．什么是阿里 V 任务

阿里 V 任务是阿里官方任务交易平台帮商家解决创作者合作需求，提供创作者按任务与商家进行合作的变现方式。

2．平台可以为我提供什么

商家向创作者发布有偿任务形式，创作者按照约定完成任务后，可获取任务酬劳。任务包括为商家提供商品、品牌的内容创作，渠道推送服务。商家以有一定知名度的品牌商为主。

任务酬劳：收费方式为一口价，由创作者根据自身情况进行定价。创作者按照商家的任务要求完成内容创作、推送到渠道（一期以微淘为主），并通过任务平台完成任务交付，则视为一次任务的完结。任务完成后，创作者可从商家处获取约定的任务酬劳。创作者粉丝越多、粉丝越活跃，越有机会获取高收益。

3．平台优势介绍

（1）优选用户：平台拥有海量品牌商家，有机会和一线品牌商合作，如图 6-6 所示。

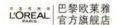  

图 6-6

（2）获取更多收益：玩法多样，有机会获取更多收益。

（3）易服务：灵活的玩法及结算机制。

4．入驻门槛

创作者（即作者）必须为淘宝大 V 认证创作者。

如果想入驻成为阿里创作者，可点击 https://we.taobao.com。

大 V 创作者身份如图 6-7 所示。

图 6-7

6.2.2 阿里 V 任务平台的操作流程

1. 如何入驻

（1）打开浏览器，输入网址 da.taobao.com，单击右上角的"登录"按钮，输入淘宝旺旺（必须是阿里创作者账号对应的旺旺）和密码登录阿里 V 任务，如图 6-8 所示。

图 6-8

（2）阅读并确认协议，同意平台读取创作者个人信息（如粉丝数、粉丝特征、内容阅读数等），如图 6-9 所示。

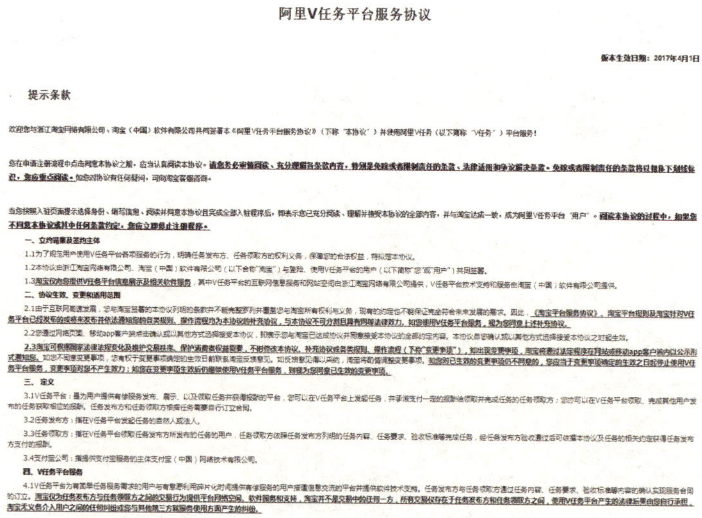

阿里V任务平台服务协议

版本生效日期：2017年4月1日

提示条款

欢迎您与浙江淘宝网络有限公司、淘宝（中国）软件有限公司共同签署本《阿里V任务平台服务协议》（下称“本协议”）并使用阿里V任务（以下简称“V任务”）平台服务！

您在申请注册流程中点击同意本协议之前，应当认真阅读本协议。**请您务必审慎阅读、充分理解各条款内容，特别是免除或者限制责任的条款、法律适用和争议解决条款。免除或者限制责任的条款将以粗体下划线标识，您应重点阅读。**如您对协议有任何疑问，可向淘宝客服咨询。

当您按照入驻页面提示选择身份、填写信息、阅读并同意本协议且完成全部入驻程序后，即表示您已充分阅读、理解并接受本协议的全部内容，并与淘宝达成一致，成为阿里V任务平台“用户”。**阅读本协议的过程中，如果您不同意本协议或其中任何条款约定，您应立即停止注册程序。**

一、立约背景及签约主体

1.1为了规范用户使用V任务平台各项服务的行为，明确任务发布方、任务领取方的权利义务，保障您的合法权益，特拟定本协议。

1.2本协议由浙江淘宝网络有限公司、淘宝（中国）软件有限公司（以下合称“淘宝”）与登陆、使用V任务平台的用户（以下简称“您”或“用户”）共同签署。

1.3**淘宝仅向您提供V任务平台信息展示及相关软件服务**，其中V任务平台的互联网信息服务和网站空间由浙江淘宝网络有限公司提供，V任务平台技术支持和服务由淘宝（中国）软件有限公司提供。

二、协议生效、变更和适用范围

2.1由于互联网高速发展，您与淘宝签署的本协议列明的条款并不能完整罗列并覆盖您与淘宝所有权利与义务，现有的约定也不能保证完全符合未来发展的需求。因此，**《淘宝平台服务协议》、淘宝平台规则及淘宝针对V任务平台已经发布的或将来发布并依法通知您的各类规则、操作流程均为本协议的补充协议，与本协议不可分割且具有同等法律效力。如您使用V任务平台服务，视为您同意上述补充协议。**

2.2您通过网络页面、移动app客户端点击确认或以其他方式选择接受本协议，即表示您与淘宝已达成协议并同意接受本协议的全部约定内容。本协议自您确认或以其他方式选择接受本协议之时起生效。

2.3淘宝可根据国家法律法规变化及维护交易秩序、保护消费者权益需要，不时修改本协议、补充协议或各类规则、操作流程（下称“变更事项”），如出现变更事项，淘宝将通过法定程序在网站或移动app客户端内以公示形式通知您。如您不同意变更事项，您有权于变更事项确定的生效日前联系淘宝反馈意见。如反馈意见得以采纳，淘宝将酌情调整变更事项。**如您对已生效的变更事项仍不同意的，您应当于变更事项确定的生效之日起停止使用V任务平台服务，变更事项对您不产生效力；如您在变更事项生效后仍继续使用V任务平台服务，则视为您同意已生效的变更事项。**

三、定义

3.1V任务平台：是为用户提供有偿服务发布、展示、以及领取任务并获得报酬的平台，您可以在V任务平台上发起任务，并承诺支付一定的报酬给领取并完成任务的任务领取方；您亦可以在V任务平台领取、完成其他用户发布的任务获取相应的报酬。任务发布方和任务领取方根据任务需要自行订立合同。

3.2任务发布方：指在V任务平台发起任务的自然人或法人。

3.3任务领取方：指在V任务平台领取任务发布方所发布的任务的用户，任务领取方依照任务发布方列明的任务内容、任务要求、验收标准等完成任务，经任务发布方验收通过后可依据本协议及任务的相关约定获得任务发布方支付的报酬。

3.4支付宝公司：指提供支付宝服务的主体支付宝（中国）网络技术有限公司。

四、V任务平台服务

4.1V任务平台为有简单任务服务需求的用户与有意愿利用碎片化时间提供有偿服务的用户搭建信息交流的平台并提供软件技术支持。任务发布方与任务领取方通过任务内容、任务要求、验收标准等内容的确认实现服务合同的订立。**淘宝仅为任务发布方与任务领取方之间的交易行为提供平台网络空间、软件服务和支持，淘宝并不是交易中的任何一方，所有交易仅存在于任务发布方和任务领取方之间，使用V任务平台产生的法律后果由您自行承担。淘宝无义务介入用户之间的任何纠纷或您与其他第三方就服务使用方面产生的纠纷。**

图 6-9

（3）编辑个人资料，进入下一步。

Tips：其中创作者简介是商家选择创作者的重要参考因素之一，请务必认真填写，如图 6-10 所示。

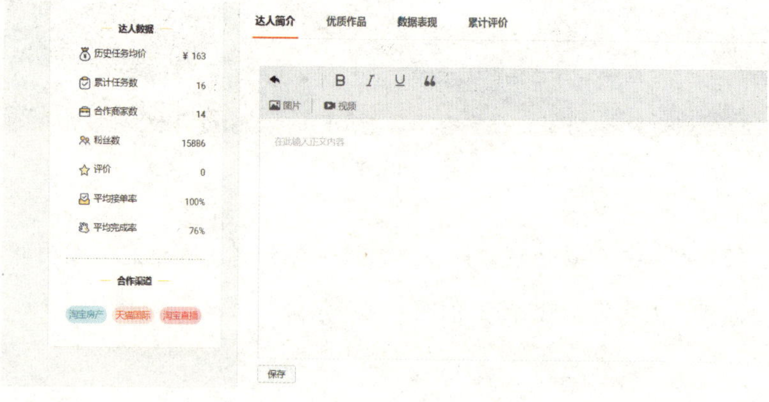

图 6-10

2．如何设定任务报价

（1）创作者设定任务报价，该价格可直接选择推荐报价，也可自主报价，如图 6-11 所示。

Tips：推荐报价为官方建议价，仅包含微淘流量价值的评估，不包括内容创作的价值、其他渠道的流量价值。

图 6-11

（2）修改报价。创作者设定完任务后，进入任务管理中心。单击任务管理中心页，在右上角下拉选项中选择个人主页，编辑个人资料，如图 6-12 所示。单击"编辑"按钮，填写新的报价，并单击"确定"按钮，如图 6-13 所示，即可完成报价的修改。该页面支持查看累计任务数、累计收入、任务状态，并可进行接单、交付等操作。

图 6-12

图 6-13

3. 如何接单

创作者可通过账号管理中心页面 → 待我审核 / 我收到的待接单页面查看所有可接单的任务，并进行接单或拒单操作。

Tips：距离推送时间为内容推送到微淘的时间，任务必须在任务推送时间之前接受，否则视为超时未接单，订单将不被执行，任务酬劳退回商家支付宝。

另外，一旦接单，请务必完成，若接单但不交付的订单笔数过多，将会影响官方建议价，严重者做清退处理。

4．如何交付任务

（1）创作者可通过管理中心页 → 交付中＆已完成页面查看所有待交付的任务。

（2）通过 daren.taobao.com 完成内容创作，并推送到微淘（一期为推送到微淘为完成的标准）。

（3）登录任务平台，找到需交付的任务，并单击"交付"按钮，打开交付页面。

Tips：距离推送时间为任务交付时间，若超时未交付，该任务被视为逾期未交付，订单关闭，任务酬劳退回商家。请务必及时交付任务！

（4）将内容链接复制到"内容链接"中，系统会自动转化成二维码，并将链接和二维码推送给商家。

创作者可在"有什么想说的吗"中写上想对商家说的话，提升商家的满意度，增加优质评价的可能性，提升接单概率。

（5）单击"提交"按钮，完成任务内容的交付。

5．确认收入

创作者提交任务内容后，商家可以进行确认付款，系统立即打款到创作者账号；若商家没有单击"确认付款"按钮，系统预计在 10 个工作日后自动打款到创作者账户，创作者可在任务管理中心页查看任务结果及收入情况，如图 6-14 所示。

图 6-14

6.3 主播的店铺变现

6.3.1 如何让主播未来打造自己的店铺

简而言之，粉丝快速变现就是"开店卖东西"。相对于帮别人推广商品，经营自己的店铺，粉丝购买力和忠诚度更高。因此，开淘宝店便成了大多数主播的选择。因为各"网红主播"所擅长的领域不同，她们的粉丝群体也千差万别，这时，了解自己的粉丝，推出符合粉丝群体需求的商品，就显得尤为重要。

6.3.2 利用供应链与店铺内容变现

"网红"店铺的供应链比较柔性，常规淘宝店铺流程为"上新—平销—折扣"，但网红店铺则是"选款—粉丝互动、改款—上新、预售—平售—折扣。"例如，郑予洁在开淘宝店铺后，每天在淘宝直播间与粉丝互动交流，了解粉丝的需求和方向，结合当地供应链进行组货，推出样衣和美照，挑选受欢迎的款式选行生产大货，如图 6-15 所示。这种更为柔性的供应链的好处就在于：选款能力强，测款成本低，C2M 的模式将成为可能，这代表着 DT 时代的运营方式。

图 6-15

7

玩转粉丝经济

本章要点：

* 主播的定位

* 直播间人群的切分与运维

* 直播观看人数、在线人数与停留时长

7.1 主播的定位

淘宝主播在申请开通直播权限前，应当问自己一个问题：我为什么要做直播？笔者曾担任过某机构的主播面试官，几乎会问每一位来面试的主播这个问题，得到了各种不同的答案。有人说自己的穿衣品味很好，有人认为做直播能赚钱，也有人回答直播可以给自己的淘宝店铺带来流量。笔者问此问题是想了解面试的主播是否有清晰的个人定位，以便于今后能为其设计相应的打造方案。而实际情况是大部分来面试的主播并没有清晰的个人定位。

一家公司需要定位，一件商品也需要定位，同样，作为淘宝主播就更需要定位。但主播定位并不是围绕主播进行的，而是围绕目标粉丝的心智进行的。也就是说，将主播的某些标签植入目标粉丝人群的心智中，从而让主播的粉丝对主播形成特有的认知偏见（主观但并不全面的认知）。定位就像墙面上的某一个点需要敲入一颗钉子，我们所做的工作就是将这颗钉子敲进水泥墙面。

随着淘宝主播人数越来越多，相应的竞争也越来越大。虽然淘宝直播平台对整个平台进行了相应的栏目切分，切分为全球现场、美妆潮搭、母婴等多个不同主题，但每个栏目下的竞争依然非常激烈，主播该如何在这样的环境下脱颖而出呢？或者说如何能被大家所熟知、认同？定位就是我们的利器，如图 7-1 所示。

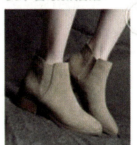

图 7-1

　　笔者从 2017 年 1 月 12 日起在公司的安排下，帮助一名新主播成长。该主播有较强的化妆功底，公司想重点培养。经历了一个多月，新主播得到了明显的成长，并积累了一批忠诚度较高的粉丝，并在销售额上得到了体现。以下内容会根据笔者辅助新主播的过程来做讲解。

　　直播满足粉丝的哪个核心需求？

　　笔者接触的大部分主播在上播前都在头痛一个问题——我今天要播什么内容？最直接的反应是今天的标题怎么写，其次是直播的过程寄托在粉丝的提问上。还有一些主播是因为清楚今天要卖什么产品，从而上来就开始推销今天的产品。还有一些主播是自己会化妆，通过直播的方式教粉丝化妆。

第一种方法：由自身出发，确定自己的核心价值

(1) 罗列主播能输出的价值。

当我们还不清楚粉丝想要什么内容的时候，就不清楚应该要播什么内容。所以，笔者和主播聊了近一个下午，一切都是围绕着主播潜藏着哪些优点，我们可以做哪些别的主播没有的内容或者哪些内容能比别的主播做得好。

(2) 能否引起共鸣。

我们合作的第一天便达成了统一的观点：我们要对粉丝走心，没有套路便是我们最大的套路。在主播的自由发挥下完成了第一场直播，而笔者在这个过程中只作为主播的一名粉丝，专心致志地通过手机屏幕看直播，随时看后台在线人数变化和观察粉丝们的反应。

在一个多月的时间里，笔者给主播做了三次价值主张的尝试。

第一次：主播是个人造型师，帮助粉丝提升个人形象。

第二次：主播作为美妆老师，让大家颜值更高。

第三次：主播作为护肤达人，帮助粉丝解决肌肤问题，提升肤质。

第一次尝试差不多用了一周的时间，分别分享三个方面的内容：化妆、护肤和服装搭配，发现三个内容的观众并不是同一批人。

第二次尝试时，内容涉及化妆和护肤，从粉丝的需求反馈中，发现

主播吸引的粉丝更加侧重于护肤产品的消费，对于化妆，大家对主播的专业性比较认同，但消费转化较弱。

第三次尝试时，内容输出以护肤为主，针对护肤设置了各种形式的内容，如采用 PPT 专业讲课、各种不同品牌护肤品效果的测试，以及将粉丝发来关于脸部问题的照片推流到直播间，然后进行分析等，引发了粉丝对主播护肤专业性的认同。

经过这三次尝试，初步明确了主播的价值主张为：给粉丝带来专业性的护肤指导。因为护肤是相对复杂的过程，粉丝要解决自己出现的肌肤问题，首先必须非常了解肌肤问题产生的根源及自身的肌肤特点，一般人往往没有这方面的知识，而通过主播的专业课程，粉丝对主播产生信任，建立医患关系，主播再给予相应的建议，便能驱动下单。

第二种方法：由粉丝需求出发，强化自己的核心价值

（1）观察其他直播间粉丝们的核心需求点。

同行分析是日常工作的重要组成部分，比如在关注全球现场这个栏目时，发现粉丝们的核心需求点在于价格。

（2）以其中的一个点作为价值主张。

全球购栏目中有一名成长速度非常快的男主播，一开始就以最实惠的代购价作为核心价值给到粉丝，其他主播往往采用专柜代购的方式作为货源渠道来源，强调的是专柜正品，而这名主播则在供应链渠道上下足了功夫，找到了品牌的总代理或一级代理商进行合作，拿到了专柜拿

不到的价格，加上背后有相对较强的服务团队，使得粉丝们收到产品时感叹物超所值，引发了粉丝们疯狂的购买。同时又因为订单量的递增，也使得供应链资源越来越有优势，如图 7-2 所示。

图 7-2

7.2 直播间人群的切分与运维

在辅导主播小N的时候，我们提出要成为最专业的护肤达人，但在整个淘宝直播中又不是只有小N一个护肤达人，如何在这个竞争日渐激烈的环境中胜出？首先应在这个环境中立足。

我们分析了淘宝直播的千人千面排序规则，第一要素是关注，其次，排序的很大因素和直播间的直播停留时间有关，为了有更好的排名，同时又有比较好的转化，我们必须对人群进行切分，并针对切分后的层次进行内容设计。

笔者根据不同人群来直播间的目的来切分，并分别运维。笔者的方法是将人群切分为团队成员、铁杆粉丝、购物者、娱乐者。

7.2.1 团队成员

团队成员，毋庸置疑，就是自己人，是整个直播间全心全意付出的人，如果从在线人数构成来讲，一般自始至终都在直播间，并帮主播营造氛围、维持秩序。我们可以理解为家人。

作为一名主播，背后拥有强有力的团队，会使整个直播事业蒸蒸日上。但最大的问题是淘宝直播这个行业很新，没有成熟的运作体系可以参考，笔者接触的大部分主播都很年轻，甚至有的刚成年，一般社交经验相对较弱，往往以自我为中心，缺乏团队精神。而团队成员则都是从其他行业转变过来的，往往没有直播的相关经验，所以，主播成长也是比较难的过程。

主播背后的团队应当具备以下能力：

（1）能规划直播内容。

（2）策划营销活动。

（3）设计主播的产品结构。

（4）对接商家。

（5）粉丝维护和控场能力等。

主播背后团队的态度：全心全意帮助主播达到更好的直播效果，如在线人数、观看人数、销售额、收入。

主播要具备的基本能力：消费相关的专业知识、应对能力、沟通能力等。

7.2.2 铁杆粉丝

铁杆粉丝是发自内心支持主播的一群人，见不得黑粉抨击主播，更见不得主播堕落，会尽力营造氛围、维持秩序。这样的一群人往往构成了主播的保底在线人数，也是整个直播间发言最活跃的一群人。可以把这群人理解为闺蜜、朋友。

铁杆粉丝是主播的宝贵财富，也是主播直播事业的动力，她们是良师益友。作为主播和主播背后的团队，应当尽全力满足这一群粉丝的需求。

7.2.3 购物者

进入直播间的目的就是想消费，以自我为目的，比如看看是否有优惠、产品是否适合自己等。这群人进入直播间后看看有什么东西可以买的，如果有就让主播展示，如果没有就离开。笔者认为这群人所占的比例应该是最大的。笔者从店铺拉了直播的成交记录，发现很多下单的人并没有在直播间发言，这群人构成了整个直播间很大比例的成交金额。这群人我们可以理解为客户。

7.2.4 娱乐者

这群人往往是切换直播间最迅速的一群人，哪个直播间有抽奖就到哪个直播间，抽完奖迅速离开。有些人以取乐主播为乐，比如在直播间谩骂，让主播试自己根本就不想买的衣服等，如图 7-3 所示。

图 7-3

7.3 直播观看人数、在线人数与停留时长

直播就像电视节目，讲的是眼球经济，也就是我们的直播内容是否能真正吸引粉丝。如果用数据来表达直播内容的有效性，则反映为直播观看人数、在线人数和停留时长。

直播观看人数

很多新晋主播在刚开播时发现最大的问题是播了三四个小时却只有300多人观看，笔者在辅导一名新主播时也碰到了同样的问题，辅导后经营一个月左右便有 2 万多人观看，虽然成长速度不算迅速，但可以给很多新晋主播作为参考。

我们先来分析直播观看人数的来源途径：手机淘宝 APP 的淘宝直播、手机淘宝 APP 推送、淘宝网 PC 端的淘宝直播、微博等 SNS 私域流量、旺旺群等。对于大部分主播来讲，流量最大的入口是手机淘宝 APP 的淘宝直播。

手机淘宝 APP 的淘宝直播平台上获得流量的公式如下：

流量＝展现量 × 点击率

与点击率相关的要素包括首图、标题、排名、观看数等，而排名和观看数是我们不可控的，首图与标题是我们可控的。在首图和标题两个要素中，起决定性作用的是首图。

笔者尝试对所有的首图进行分类，根据首图的特点可分为颜值引流、爆款引流、场景引流等。

颜值引流：重点展现主播的颜值，以妆容来吸引粉丝的点击，包含发型、眉型、睫毛等一系列妆容要素的配合。

爆款引流：比如主播身上穿了一件很受欢迎的衣服，搭配了一个很多人喜欢的包包款式，因为这件衣服或包包从而获得了较高的点击率。

场景引流：将主播安排在不同的环境中，如摄影棚的化妆间、国外某免税店、地标性建筑物前、工厂的车间、农场等环境里，通过整体环境表达一个主题，而通过这个主题直接吸引粉丝点击。

根据马斯洛需求定律，不同的人群需求的内容不同。铁杆粉丝更在意的是参与感、认同感、被尊重感。而购买者的需求在于获得较好的消费建议。如全球购，购买者需要的内容是正品、低价格。潮搭，购买者需要的是款式、性价比。对于护肤，购买者需要的内容是有效的下单决策建议。

主播的管理与优化

本章要点：

* 机构视角如何打造主播
* 主播视角如何打造团队

8.1 机构视角如何打造主播

8.1.1 主播的选拔

1．主播的选拔

对于主播的选拔，任何直播平台都是非常看重的。秀场类平台追求才艺、追求颜值、追求个性。电竞类平台追求超神级主播。对于电商直播平台而言，颜值是基础，口才是关键，附加才艺自然是锦上添花。其实不是所有主播都适合电商直播，过去的一年是电商直播高速发展的一年，更多的人在研究，在摸索。很多主播从秀场类平台转战电商直播，但是最后却与自己的期望相差甚远。这是为什么呢？秀场类平台粉丝群体为异性，而大家知道中国最有消费能力的是女性，所以，导致电商直播粉丝群里女性为主，而大部分主播又为女性。女生看女生和男生看女生，还是有着本质的区别。

1）颜值筛选

对于美，相信没人会拒绝，所以，在所有直播平台，美女主播都比较受欢迎，电商直播平台也不例外，因为主播更多的是进行了场景化的还原，由最初的模特平面照片迭代到了直播美女场景化购物。如果想做一个顶尖主播，颜值是很重要的一部分。但并不是没有颜值的女生就不能成为一个顶尖主播，她也可以通过其他方式弥补，如努力、口才、才艺、专业等。从颜值角度筛选主播，合适的类型有平面模特、淘女郎、艺人。

2）口才筛选

从口才角度筛选主播，合适的类型有主持人、导购员、播音员等。线下实体店导购员也是口才筛选的对象。他们在直播间内可以带动气氛，能把商品的属性详细介绍完整。

3）其他

具有细分领域的专业知识的人也非常适合做主播，她可以利用自己的所长帮助粉丝进行一些专业性的决策，例如，美妆指导、穿搭指导、母婴指导。在这个快节奏的时代，主播的作用是帮助粉丝节约时间，找到适合自己的商品。通过对淘宝直播的观察发现，电商直播更适合25周岁以上的女性作为主播。她们拥有一定的社会阅历，从内容角度出发，把自己的一些经历表达出来，从而感触到粉丝的内心。

2．主播培训

主播的培训分为冷启动和内容准备。第一步是冷启动，主要以熟悉规则、直播间的场景布置和中控台的操作为主。第二步是内容制作，如何做出一份能够吸粉的脚本是非常重要的。在万名主播的竞争中，如何脱颖而出，内容是关键。其中还包含直播之前的预热工作，直播时与粉丝的互动环节共同组成直播内容。大家都知道直播时间段非常重要，7点至12点适合小主播，因为这时主播在线的会偏少。13点至18点适合腰部主播，下午着实是个黄金时间，容易促成成交。19点至23点适合大主播，因为这个时间是流量的最大峰值，也是最高转化的时间段。0点至6点则适合新晋主播，这个时间段竞争相对较小，努力的主播可以拼一拼。对于直播的标题，尽量做到不出现"秒杀"等降低直播质量分的词语，可以选择一些福利加直播主题字眼的组合。封面图尽可能选择自己最优秀的照片，让用户看了会有点击的冲动，如图8-1所示。

图 8-1

8.1.2 主播的冷启动

1．冷启动

1）淘宝直播的规则熟悉

在入驻时需符合《阿里创作平台管理规范》中阿里创作者的准入要求，完成支付宝实名认证，且在 18 周岁以上，具备一定的主播素质和能力。

不得发布危害信息，包括但不限于敏感信息、垃圾广告、淫秽色情信息；不得发布不实信息，包括但不限于捏造细节、夸大事实、夸大宣传、虚假中奖信息、发送无意义内容及重复内容、伪造官方活动、使用绝对化用语、信息要素不一致的信息；不得发布淘系外推广信息，包括但不限于发布淘宝网、天猫、阿里旅行、聚划算、一淘网等淘系外的引导信息、超链接、APP、二维码等信息。不得发布淘宝直播平台官方不允许发布的信息；不得违规推广、泄露他人隐私、不当使用他人权利、骚扰他人；直播信息不得与入驻信息不符。

违反淘宝直播平台规定将受到相应的处罚，轻则关停直播间，重则封号处理。

2）直播间的场景化布置

好的直播间布置将给主播们加很多分，所以，大家一定要重视这个环节，有条件的主播可以利用机位推流设备。其他布置要素如下：打射灯光、背景布置、道具准备做到排列整洁。

灯光尽量可以利用反射原理，这样可以避免阴暗面。头顶用白灯，两台黄色小台灯打墙，进行暖色光线反射。既不会太白又可以很有意境，将人照得朦胧美。

背景布置可以选择一个漂亮的背景布装饰，衣架设备也是不可缺少的，如果主播的调性偏高，建议选择高档背景和衣架设备。所有背景装扮尽量不要一直使用，一段时间内进行调整和升级，让粉丝更有新鲜感。例如，在推荐美食时，就可以把衣架拆除，选择一些适合美食内容的道具摆设，营造气氛感。

道具准备尽量充足，如游戏道具、幸运转盘、背景音乐等，在直播开启时要让粉丝感觉整个直播间有足够的场景化。

3）中控台的熟悉操作

首先中控台的存在对直播有着非常大的作用。一场直播是否能播好，就看主播中控台玩得是否合理。

操作流程如下：在电脑端登入中控台 → 发布直播 → 必填信息 → 选填信息 → 确认信息 → 开启直播。

（1）发布直播并选择直播类型，常用竖屏手机直播。必填信息包括选择直播开始时间，输入标题、简介，上传封面、位置和直播内容标签。下一步可添加预告视频和预告宝贝，优秀的预告视频能让粉丝提前在预告栏看到并设置开播提醒，当然还可以设置多个预告直播内容展示位，输入相关标题、副标题，添加商品链接，内容预告能让粉丝更加了解本场直播。最后确认信息并发布直播。关闭直播需要通过中控台或者手机端结束直播，以免影响下一次开播。

（2）"我的直播"按钮可查看以往直播的记录、直播数据，具有操作删除以往直播记录等功能。

开启直播后有如下小工具可以方便直播使用：①查看直播实时数据；②添加商品链接；③发红包互动；④分享优惠券；⑤发起直播抽奖；⑥发起投票互动；⑦发送店铺卡片；⑧发布直播公告；⑨粉丝推送功能。

条件允许的情况下，可用中控台发起横屏 OBS 推流直播和电脑千牛直播。

2．内容准备

冷启动之后开始内容准备工作，在这个内容为王的时代，只有优质的内容才会获得一批忠实的粉丝。在娱乐主播中内容更多的呈现是才艺，电商直播中则为商品与某些故事结合，以及对商品的解读过程，优惠力度也属于其中。所以，做好电商直播之前需要做一系列的准备。

商品的选择是内容中不可或缺的部分，从商品维度来看内容，我们会优先选择高品质店铺进行合作，很多主播不知道如何寻找高品质店铺，建议选择销量中等以上，DSR 飘红为先。如果选择服装店铺，建议直接选择 ifashion 类店铺及网红店铺。从粉丝的角度看内容，她们基于三点，第一点为优惠力度，第二点为时尚度，第三点为阐述能力。在选择内容组成部分时要先学会第 6 章中介绍的商务谈判，如何做到与商家的博弈。最后获取优质的商品组成和商家给予自己的佣金比例。

在商家寄样过程中，主播需要做好预热准备，如直播预告、微博预告、朋友圈预告等。

当商家寄样收货以后，主播需要 1～2 小时进行前期整理工作。将信息记下，再用一个脚本衔接。脚本不需要非常复杂，但是要有一定的承接商品内容。脚本制作环节可以根据自己的优势去展开。

直播过程中，如何与粉丝互动？首先主播要把自己最阳光的一面展现给粉丝。微笑非常重要，亲和力高的主播往往很容易成为大主播。另外就是表现能力，语速不一定要快，但是必须口齿清晰，让粉丝愿意待在你的直播间听你说。随着淘宝直播的发展，越来越多的优秀主播进入。粉丝这时会取消关注一些老的主播，去关注一些新主播。正所谓喜新厌旧，所以，主播需要不断更新自己的内容，时刻做好自己的内容迭代，做好粉丝的维护，不能伤害粉丝，如图 8-2 所示。

图 8-2

8.1.3 主播的管理

1．主播的管理（机构）

洞房花烛夜，当新郎兴奋地揭开新娘盖头，羞答答的新娘正低着头看着地上，忽然间掩口而笑，并以手指地："看，看，看老鼠在吃你家的大米。"第二天早上，新郎还在酣睡，新娘起床看到老鼠在吃大米，一声怒喝："该死的老鼠。敢吃我家大米！""嗖"一只鞋飞过去……

以上故事，正如机构如何让主播找到有家的感觉。这其中需要精湛的管理技巧。

1）主播的分类

纵观全网，可以根据机构的情况对主播进行合理的分类。推荐几个分类供大家参考。

以场均观看人数可分为大主播、腰部主播、小主播、新晋主播。大主播通常是场均观看能达到 10 万级，腰部主播场均观看 5 万级，小主播场均观看 1 万级，新晋主播则 1 万级以下。

以主播身份分类可分为主持人、模特、KOL、艺人等。主持人善于场控，一般有较高的直播经验，颜值和口才并兼，互动经验足，容易促成成交。模特主播拥有较高的颜值，同时也是穿衣领袖，吸粉能力偏强。这里所说的 KOL 主播更偏向于专家导购类型，她利用自己的高粉丝黏性进行引导购物，传递专业知识。意见输出在细分领域，较精准。

以主播的内容属性分类可分为服装搭配师、美妆师、美食家、户外主播，等等。在大部分直播中以服装导购为主的称为服装搭配师，以彩妆、化妆教程为主的称为美妆师。

按照主播收益分类可分为店铺型主播、导购型主播、线下场景主播。拥有自己店铺的主播往往是以店铺收益为主，导购型主播会将阿里妈妈淘客佣金收益作为主要收益来源，线下场景主播偏向于出场费，比如阿里 V 任务平台收益。

以上只列举了 4 种分类，机构应该针对自己的需求进行合理的分类，这样才能在 MCN 合作中及时匹配相对应的主播进行推送。

2）管理制度篇

对于人的管理是一门学问，人少可以人情化管理，但是人多了就需要制度化管理。在签约主播时首先遇到的就是合约问题，在实操中选择了两种合约方式。

全职类的底薪约，即公司给予底薪加提成的模式。此类合约收益全部由公司支配，主播像公司员工一样，要求一天 8 小时直播，公司负责主播的全方位培训及商务运作。主播遵循公司的 KPI 考核。有条件的企业可以提供给主播直播间场地、设备、助理等。

自由约，遵循公司基本的规章制度和基本指标，主播收益最大化。此类合约主播如同公司的外勤业务员，无底薪高提成的模式。公司负责基础培训，信息共享，通告自由承接方式。把主播视作合作伙伴，让主播更自由化。

在制度管理中，违规的主播将遵循公司的处罚制度，每个主播签约后都将有 12 分进行考核，按照违规的程度扣除相应的分值，若 12 分被扣完即解约。例如，封面照片违规扣 3 分，直播穿着裸露扣 3 分，直播违规商品扣 3 分，直播间 10 分钟内无人扣 3 分，代播扣 3 分，对于一个月未完成公司基础指标 50 小时的直播时长扣 6 分，7 天未活跃扣 3 分等。半年内未扣满 12 分的主播进行分值清零。

对优质主播和努力的主播进行奖励制度。设置新人突破奖，即新人第一次突破 1 万人观看。晋升奖，小主播到腰部主播的蜕变。官方提名奖，官方各类活动专题中获得排名展现，等等。

3）主播经纪人

每个主播都应该有对应的经纪人，一个经纪人可以对应一个主播。想要做好淘宝直播，仅凭主播一个人是远远不够的，还需要助理和经纪人。那么经纪人做哪些事情呢？第一点，经纪人要负责主播的招商及所有商品的排期，协助助理做脚本规划。第二点，做好阿里 V 任务的常规运营。第三点，做好主播的数据分析，帮助主播更快地成长。

4）KOL 的孵化

KOL 的定义：具有垂直细分领域专业知识的意见领袖。KOL 能帮助粉丝做一些专业的分析和决策，在做直播之前对自己有严格的定位。例如，穿衣 KOL，除了主播本身拥有身材和颜值以外，还需要拥有选款和搭配能力，不断教粉丝基础知识和专业知识。主播个人还应该利用其他时间对自己的专业领域进行升华，如浏览各种时尚杂志、关注明星穿搭等。

5）调性的匹配

首先主播需要学会自己做一些数据分析，通过数据发现自己的转化能力，从而得出自己适合什么。有时自己并不是最了解自己，而是通过自己的表现，从数据上发现自己更适合什么，这就是调性的匹配。若美妆主播去播服装类目，效果显然没有美妆那么理想。如果主播适合高客单价的定位，那么一旦主播去直播低端商品，相信会有一大批粉丝会取消关注。既然把自己定位细分了，就应该坚持下去，如图 8-3 所示。

图 8-3

2．数据分析

1）主播的数据化运营及分析

运营是一门艺术，更是一门技术，淘宝直播也不例外。主播想要做好直播，必须懂得如何去运营、研究、分析。过去，"流量为王"的理念使得运营人员的职责聚焦在拉新上。随着直播市场环境的变化，运营的渠道和方式不断增加，运营有了更加细致的分类。

直播流量运营主要解决的是用户从哪里来的问题。大部分主播粗放式的流量运营，仅仅关注表面的观看人数和淘客后台点击次数等虚荣指标，这些是远远不够的。淘宝直播是一个非常公平的环境，对每个主播而言都是平等的，只有主播不断创造优质的内容，才能获取更多的精准流量，开启良性循环的模式。创作者后台的创作者指数、粉丝数、UV、PV、活跃粉丝数、账号活跃度、账号健康度等维度直播数据是基础。那么，如何获取健康的流量呢？

外网引流：引入外网长期积累的闲置粉丝，如微博、朋友圈、社区等渠道。直播前可做好预热、广告准备等。

流量互换：通过与商家合作，每个优质的商家都有固定的粉丝圈，商家帮助宣传，主播帮助商家推广，良性的合作也是获取流量非常好的渠道。

直播优化：①封面，第一印象非常重要，封面图够不够吸引，直接影响直播进人数；②标题，直播标题是否明确，是否能突出直播内容，不建议用促销类词语；③标签，标签对不对，对直播流量引入起着决定性作用，直播内容必须与标签匹配；④时长，健康直播，合理安排好时间，不建议疲劳过度直播或者盲目没准备的直播；⑤时段，早、中、晚三个阶段，早上流量最少但直播人数也最少，且没有大主播的竞争，新主播可以尝试在早上开播，而晚上流量是最大的，腰部主播和大主播可以在晚上开播，每场直播时间建议在 2 ～ 5 小时；⑥直播商品，商品是核心，根据粉丝的需求和本人性格来匹配商品，杜绝盲目推广商品，以免伤害粉丝；⑦直播环境，良好的直播环境能给粉丝带来一种信任感，糟糕的环境只能再次伤害粉丝，毫无停留；⑧直播印象，必须把最靓丽的一面展现给粉丝，杜绝衣冠不整、灰头土脸，等等，以上直播优化都影响直播流量的引入和留存。

2）分层分析

根据直播的商品和直播数据来分析，主播可分为纯导购主播、KOL主播、店铺主播。纯导购主播通过与商家合作来丰富直播内容。KOL主播根据粉丝的需求给出好的意见来产出内容，店铺主播根据自身的调性搭配给粉丝做出榜样并产出内容。主播可根据自身的条件给自己定位。成败与主播定位方向息息相关。

（1）转化数据分析。一场直播是否优秀、粉丝买不买单，通过转化数据就能体现出来。不是任何一个商品都适合做直播，要懂得去分析粉丝的需求。比如，观看淘宝直播的用户85%以上都是女性用户，那么女性需求的商品，如女装、化妆品、母婴等类目转化率相对会较高。影响转化的因素也非常多，商品是否应季、价格是否合理、图片够不够吸引、优惠券力度大不大、商品评价是好是差、主播直播推广方式是否吸引人等因素都会影响直播转化。

（2）吸粉数据解析。没有粉丝就没有转化，那么淘宝直播怎样吸粉？首先每做一场直播都要学会做粉丝的数据分析，比如分析今天涨了多少粉，掉了多少粉，粉丝活跃度有多少，如图8-4所示。

图 8-4

3）确定淘宝直播自我定位

①什么样的直播吸引什么样的人，做淘宝直播必须做好定位，要树立特性标签，培养粉丝群体。②做好淘宝直播自我定位才能够得到粉丝的认同，走什么样的直播个性、用什么留住粉丝，都需要各位主播思考明白。

4）淘宝直播吸粉技巧

淘宝直播怎样吸粉？做一次淘宝直播吸一些粉丝，多做几回是不是粉丝就慢慢多起来了？下面讲讲淘宝直播吸粉技巧。

（1）时间的选择。从周一到周日你能够开启平常直播，和用户唱唱歌、唠唠嗑、聊化妆、聊调配，让粉丝知道你，让粉丝重视你。刚开始你会发现观看的人很少，这很正常，这时你就要去把别的外部的直播渠道一起翻开，让别的直播渠道的粉丝来你的淘宝直播房间重视你。另外还要在你的微信、微博等平台预告并通知你的老粉丝来观看。

假如做不到天天 8 ～ 10 小时的狂播，就要思考新的战略，做成节目方式长时间固定，固定为每周某时段的直播，这种直播必须有固定的大主题，这样你的直播才会有价值。

（2）多渠道推广自己。通过更多的渠道展现，让更多的人看到并喜欢自己，如在微博中发布直播间的二维码、淘口令等。在微淘发布"互动"元素。以粉丝活动专区、粉丝专享专区、粉丝价等来区别粉丝和非粉丝，常常与粉丝沟通讨论，增进与粉丝之间的感情。

还可以发放粉丝福利。主要有以下几种操作办法。

①给关注已久的粉丝们发红包或送出一些小赠品。

②粉丝采购本店产品给予优惠，粉丝数达到一定数量，能够享受折扣。

另外，要重视直播后的维护。直播后的互动，最大化用户存留，实现再次或多次营销。

每次直播后，主播把直播中好玩、风趣的内容和产品在微淘、社区二次沉积，让粉丝们再来关注。

平常在淘宝直播中给用户送送福利、发发红包，边看边买愈加有意思。

8.2　主播视角如何打造团队

这里所说的主播主要是个人主播，无经纪公司背景的主播。

没有经纪公司帮助时，就应该学会自我组建团队，从直播运营、直播间助理、招商对接三方面入手进行团队配置。

直播运营：一个主播是否能成为大主播，运营非常重要。运营人员负责主播的内容排期、脚本制作、数据分析及复盘、中控台操作等。

直播间助理：能为主播回答粉丝问题，能在主播不在境内的情况下撑起半壁江山。她的作用往往是"补刀"，能在直播间做一些气氛的渲染。

招商对接：需要针对主播的调性做商品匹配。为粉丝争取福利，为主播提供内容，更为粉丝把关各种商品品质。

主播的自我修养

本章要点：

* 主播的自我定位

* 主播正确的价值观

* 主播个人 IP 化

9.1 主播的自我定位

9.1.1 个人特质与自我定位

个人特质是一个包容性很强的概念，可内化到思维方式再扩展至情绪表达方式，可细化为对待一项具体事物的态度再延伸至世界观、价值观，也可具象为一个口头禅或习惯动作；可以是主播所拥有的独一无二的技能，可以是其所具备的严谨完备的专业知识，也可以是主播天生感染力很强的性格。如果一定要将所有个人特质的内容综合在一起，概括成精简的两个字，那就是"标签"。

标签的形成不仅是对主播个人特质的浓缩，也是主播对自身市场定位认识，以及对市场需求热度把握的综合体现。也就是说，一个成熟、成功的标签，不仅是建立在主播完全了解自己兴趣和优点的基础上，更是建构在主播充分分析市场或粉丝需求的基础上。成熟的标签一旦形成，其在主播活动中就具有提纲挈领的作用，主播不仅在打造自身形象的过程中注重标签中各类要素的体现，更要深化发展各类要素，使这些要素形成系统的语言习惯、动作习惯、直播场景细节，以及直播过程中侧面提及的生活习惯、各类作品包含的艺术冲突点等。总而言之，是将标签完全细化到主播活动的各个环节，不断强化该标签特征，在与市场、粉丝直播互动过程中，不断加深和印证该标签在市场和粉丝中的内心确认。

通过以上描述可以得到个人特质的简单轮廓，而如何挖掘自身的个人特质，以及个人特质如何与个人定位最大限度地有机结合就成为关键问题。在这里为大家提供一个最容易实行的切入点——你的个人兴趣。不只是做主播，想要融入任何一个行业和实现个人价值，都与个人兴趣有着微妙的联系。能够将自己热爱的事物与供养自己的职业结合在一起，是一件异常幸福的事情，而主播这个行业，存在实现二者结合的较大可能性。作为一个主播，可以将自己的兴趣展示给粉丝，每一种兴趣的展示都有自己或多或少的受众。有些主播的兴趣是美妆，对于彩妆单品的运用有自己的独门秘籍；有些主播爱美食又会做美食，懂得食材如何处理最健康和美味；有些主播爱好旅行，善于发掘旅行中的美好事物；有些主播沉迷健身，能够对自己的身材进行自我管理；有些主播则是电竞高手，在网络游戏的世界里运筹帷幄；有些主播深谙时尚搭配的技巧，能够把简单、基础的时尚单品通过巧妙的改造和搭配，"化腐朽为神奇"……以上都是较为普遍的、具备大量受众的兴趣展现。近来出现越来越多的"奇葩"兴趣展示，吸睛度非常高。例如，钟爱睡觉的主播，直播睡觉过程，竟然有上万人盯着屏幕看他几时翻身，几时打鼾；文身成癖的主播直播文身过程，甚至和粉丝商讨选用哪款图案和颜色，粉丝乐在其中；大胃王主播风卷残云般不间断摄入大量食物，引得一众减肥人士羡慕不已；萌妹子"码农"直播写代码，也拥有大量稳定粉丝，粉丝表示看到整齐的代码治好了多年的强迫症，听到键盘敲击的声音内心得到了极大的宽慰；每日"血战到底"的主播直播打麻将，粉丝一边观看一边记牌出主意；写得一手好书法的主播，直播练字并教大家各种练习方法，虏获了大量粉丝；甚至还有人声称可以"通灵"的主播直播探灵，夜访各种凶楼鬼宅……主播们各有吸引粉丝的法宝，但多数都由自身兴趣出发，因而一方面更易坚持，另一方面在个人认同与喜爱的前提下，更易得到观者的共鸣。

但是，个人兴趣或爱好并不能直接构成个人特质，了解个人特质之后也不代表就能进行精准的个人定位。个人兴趣到个人特质，再到个人定位，这是一个需要不断探索和尝试的过程。暂且将这个过程分段梳理，第一个过程——个人兴趣提炼或转化至个人特质，这个过程一方面需要与你的性格特点、教育背景等深层次融合；另一方面，多个不同的个人兴趣之间也会互相碰撞和影响，丰富和重塑个人特质。例如，针对个人兴趣与性格特点的融合，天真烂漫的性格特点搭配热爱旅行的兴趣爱好，与深沉内敛的性格类型搭配喜好旅行的兴趣所呈现的个人特质必然有所区别，如果要在大脑中为这两种"搭配"勾勒出一个具体的人物形象，势必存在不同的背景、色调乃至面部表情。前者热情洋溢，充满童趣与跳跃感，色调温暖或清新，笑着闹着，也许有弯弯的眉眼或者浅浅的酒窝；后者则沉稳大气，举手投足间透露着淡定与从容。针对个人兴趣与教育背景的融合，同样是爱好美妆，理工科的妹子描述如何打造韩式平眉与学艺术的女孩讲解画韩式平眉步骤的画风截然不同。相对而言，前者会更加注重逻辑与条理，而后者的讲解过程会出现更多唯美或极具张力的描述性词句。还是针对个人兴趣与教育背景的融合，钟爱美食的小学生吃到大爱的食物会幸福感爆棚，欢呼好吃、好甜、好赞，而教育程度相对更高的大学生会给出美味食物更多元、更细致的形容，如弹牙、爽滑、绵密，等等。

针对多个不同兴趣之间的作用，可以简单分为互补型作用和反差型作用。前者如爱好美食与旅行，在旅行的过程中，品尝种类各异，富有地域风情的美食也是很重要的部分，相应地，很多热爱美食的饕客也会为了地道的食物而远赴他乡，对美食与旅行的喜欢是可以互相促进的。再如服饰搭配与美妆，它们都是时尚潮流的一个分支，是个人整体造型的一个方面，一套出彩的服饰搭配也需要恰当的妆容相衬，同样，再精致美好的妆容，如果没有与之搭配的服饰，也会显得很突兀。反差型作用，简单而言就是现在很流行的"反差萌"，比如大师级的美妆达人，你很难想象她还能写一手好代码；或者骨灰级电竞玩家，却出人意料地擅长吟诗作对。如果说互补型作用的爱好之间可以互相促进，共同发展，那么反差型作用的兴趣最大的好处则是带来惊喜，看似大相径庭的兴趣爱好叠加在同一个身体上，会带来神秘感，同时营造出更为丰满、立体的个人形象。当然，这些反差不仅出现在兴趣与兴趣之间，也存在于兴趣与个人特质的其他部分之间，例如，兴趣与性格特点、教育背景、职业背景的反差。这方面的例子也非常多，例如，并未接受过任何正规教育的人，却爱好建造飞机并且能够完成；平时不苟言笑的工程师，却是喊麦高手；社交平台里的段子王，却精通花艺与茶道。种种反差会令一个人的个人特质更加突出，令一个人更加独一无二。

再来分析第二个过程——以个人特质确定个人定位。综合了个人兴趣与性格特点、价值观念、教育背景等诸多因素的个人特质，等于有了属于自己的粗略画像，确定个人定位就像是为这个画像寻找一个适当的方式和位置进行展示。

下面以笔者为例，为大家解释如何结合个人兴趣，发掘自己在直播中的个人特质，进而确定自己在直播平台上的个人定位。首先是简单的个人背景介绍，笔者目前是一名国际法专业的在读博士研究生，兼职自媒体人，年龄25岁，钟爱钻研时尚搭配，沉迷研究星座命理，热爱旅拍，热爱美食。对笔者而言，拍照、拍摄视频，以及后续的处理照片、剪辑视频是很享受的过程，即使冬季拍夏装，穿10厘米以上"恨天高"暴走几个街区，一个表情特写拍几十条，在闹市中自动忽略众人异样目光，等等，笔者也不会感到受了委屈或产生自我怀疑。笔者研究时尚穿搭，需要采购大量时尚单品，尝试一些大众认为并不适合自己的风格，发表自己的穿搭见解而遭到诟病，诸如此类事情对笔者而言也是非常正常的。笔者是太阳金牛座、上升处女座，这样完全性的"土象"型星座搭配下，笔者的性格特点其实是非常慢热和被动的，但是与初相识的朋友讨论以上兴趣，包括星座问题，是非常自然和顺畅的，气氛会很快热络起来。时尚、旅行、星座、美食是笔者的个人兴趣，是笔者为之付出大量时间与精力也不会感到厌倦和疲惫的事物，确定好这一点之后，按照之前跟大家分享的，先进行第一个过程的分析。从个人兴趣到个人特质，一方面，将时尚、旅行、星座、美食与笔者的教育背景、性格特点、职业背景相结合。首先是与教育背景的结合，笔者从本科就学习法律，硕士开始确定方向为国际法，博士阶段笔者的研究重点是国际商事仲裁，可以说笔者学习了近十年的专业与笔者的各项兴趣并不相关。就大众对所谓"女性法学博士"的一般印象，也并不会与懂时尚、爱旅行、迷星座、恋美食联系在一起，就这点而言，笔者的教育背景与笔者的兴趣具有前述反差性。其次是与性格特点的结合，其实笔者比较低调和内敛，而时尚需要的是相对张扬的个性，旅行的过程其实也是一个敞开自我的过程。研究星座是对自身的个性乃至三观的剖析与分享，这三者虽然分属于截然不同的领域，但都是一个"释放"自我的过程，而笔者的性格特点恰恰是很"隐藏"自我的人，很多话很多事不愿意说，所谓看破不说破，能憋着绝对忍着，就这点而言，笔者的性格特点与笔者的兴趣也存在上述反差性。第三是个人兴趣与职业背景的结合，笔者目前做过的职业只有签约自媒体人、法律顾问、签约平面模特这三种，笔者欣喜地发现，笔者的职业终于与个人兴趣有所联系，自媒体和平面模特都与时尚相关，而自媒体又能囊括笔者以上各种兴趣，只有法律顾问这个职业与笔者的教育背景相关。因此，就职业背景而言，笔者的兴趣与之相得益彰。而分析这三个职业经历的关系也不难发现它们其中的联系。自媒体人和平面模特的联系比较容易理解，对于笔者而言，时尚咨询、搭配心得会通过自媒体平台分享给公众，而平面模特则是直接将时尚与美展示出来，并通过图片的形式留存下来。作为平面模特的许多作品会通过自媒体平台呈现，自媒体平台上承载内容的形式也包括图文与视频等。从这个角度而言，自媒体行业与平面模特的工作是互相促进的。而法律对现代社会而言，更像是一门深入生活各个角度和层面的工具，法律顾问这项工作可以说对于任何一项其他职业都是有益处的。再来分析另一方面，兴趣之间的互相作用。前文已经提到，美食与旅行本就天然不可分割，在如今的生活环境下，时尚更多体现为一种生活态度，星座除了是茶余饭后的谈资，也是陌生人之间拉近距离的安全话题，聊星座甚至是现代人缓解各种生活压力的一种方式。因而这几种兴趣使得笔者个人特质更加多元化，再结合这几种兴趣与笔者的教育背景、性格特点、职业背景的反差性，营造出一种很奇妙的氛围，呈现出一个有趣有一定吸引力的个人特质。

在这样的个人特质下，贴在笔者身上的所谓"标签"是法学女博士、吃货、旅拍爱好者、时尚 KOL 的集合，接下来要做到的就是将这些"标签"展示出来。这就引出了下文要详细讨论的内容问题。

9.1.2 内容定位与自我定位

自我定位的实现依靠内容的支撑，内容的持续性输出是主播最终在淘宝直播平台上立足的关键因素之一。前面反复提到的个人特质就是直播内容的来源。淘宝直播与其他"秀场模式"为主体的直播平台不同，电商直播平台的变现方式并不着眼于"粉丝打赏"，辅助售卖才是其更想达到的目的。在这样的前提下，直播内容需要把握两个核心——个人特质、辅助售卖。

以笔者为例，时尚 KOL 的特质让笔者可以在时尚穿搭方面给予粉丝诸多建议；旅拍创作者的身份意味着笔者可以与粉丝分享旅行装备、旅行穿搭；吃货代表的笔者也可以分享各式佳肴给粉丝，增加生活幸福感；法学女博士的身份让笔者可以为粉丝提供一些比常人更为专业的法律建议；酷爱星座知识的笔者可以与粉丝探讨星座匹配度等情感问题。这些直播内容中，提供法律建议与聊星座并不具有直接的辅助售卖功能，但却能与粉丝建立信赖关系，能更大程度地留住粉丝。而其他几个方面在淘宝平台上，都能实现辅助售卖的功能。每个人都是具有多种兴趣的，每个人的个人特质也是一个有机的结合体，因而，每位主播能为粉丝提供的直播内容都不止一个领域，这也决定了主播针对未来的定位有多种选择。首先，主播可以选择自己做店主或单纯作为达人主播的身份直播。选择自己做店主，就需要在能够实现辅助售卖的美食、服饰、美妆、旅行装备等方面选择一个门类，创立自己的淘宝店铺，然后通过淘宝直播平台实现辅助售卖；而后者就更加简单，可以随意在以上各个领域切换，通过淘宝直播分享给粉丝任何这方面的心得与经验，进而实现辅助售卖的目的。需要做出如此区分的原因在于，淘宝直播平台对于前者红人店主类型的主播和后者纯达人型主播的管理规定存在一定的差异，这在本书前述章节中有所详述，在这里不再重复。但需要注意的是，红人店主类型的主播并非绝对不能直播其他与自身店铺产品不相关的产品，只是在直播内容的主次上要做出区分。至于选择做红人店主还是单纯的达人主播，就需要大家对自己的资源与能力进行审视，创立店铺需要耗费的精力与财力要比单纯的达人主播高很多，当然如果成功获得的收益也更加可观，需要主播们经过全方位的权衡做出适合自身的选择。

在内容定位方面还存在呈现方式的选择，阿里创作平台为创作者提供的可达成辅助售卖目的的呈现方式不止直播一种，还有图文形式、清单形式、视频形式。具体渠道又分为爱逛街、淘宝头条、淘宝人群、淘宝映像、有好货，等等。虽然本书讨论的核心是淘宝直播的相关问题，但其他内容呈现方式也对直播有一定的影响。直播的内容呈现方式虽然更为直观与吸引人，但也存在一定的弊端。一是直播的内容呈现相对于短视频和图文形式，不够精练，观众要想在几分钟之内迅速获取干货内容比较困难；二是虽然现在的直播都有回放记录，但相对短视频和图文形式，直播的内容留存程度还是更低一些；三是从可操作性衡量，对创作者而言，直播对场地和通信网络的需求更高，笔者就经历过多次因为场地和网络问题而无法按照原计划直播的情形，而这种情况最常出现在大型活动的现场和海外，大型活动的现场由于聚集了大量人群，即使增设通信基站的情况下也经常发生网络拥堵，而在海外直播，经常因为直播平台的网络设置，以及海外本身网络不稳定的原因无法进行顺畅的直播。而图文和视频的形式能够通过前期拍摄图片、摄制影像再加上后期的制作来完成内容的呈现，可操作性更强。基于以上三点，对于阿里创作者来说，采用直播与图文、短视频相配合的模式，能够更大限度地适应粉丝需求，进而更大限度地实现辅助售卖。具体而言，直播由于不受时长和篇幅的限制，可以更加倾向于内容呈现的丰富性与完整性，同时由于其与粉丝可以实时互动，可以更加注重与粉丝的沟通，增加粉丝黏性。而图文、短视频的形式由于其精简的特点，可以将直播内容中的精华部分以这两种形式总结呈现，方便粉丝了解重点，同时对产品的推广也有好处，让粉丝多次加深印象。

以上讨论的是内容在淘宝平台的呈现方式，针对直播内容的呈现方式，这里站在主播的角度为大家举一些实例。为了呈现更加多样化和引人入胜的直播内容，需要进行各种"跨界融合"，以双十二的"肯德基花样治愈小情绪"直播专场为例，这次直播辅助售卖的对象是肯德基最新推出的比利时冰淇淋花筒。通过星座运势预告与小情景剧的演绎，令直播的整体氛围轻松愉快，粉丝互动性强，同时也不会有"植入过硬"的感觉。

"跨界融合"的范例还有 2016 年国际足联俱乐部世界杯决赛的直播，此次直播虽然不存在直接的辅助售卖对象，但为此次世俱杯冠名商 YunOS 带来了更多关注度，如图 9-1 所示。

再以 2016 年非常吸引眼球的双十一直播节目为例，在双十一这个淘宝每年最大的盛会上，该档直播节目将综艺与直播相结合，同时力邀当红明星与主持人参加，以竞技游戏的方式让各个品牌比拼人气，通过大量的关注度实现品牌的推广与产品的辅助售卖。主播在三期节目中分别代表三个不同的品牌，与林志颖、李维嘉、沙溢、胡可、阿雅、曾舜晞、范湉湉等明星合作完成竞技游戏项目。

图 9-1

9.2 主播正确的价值观

本节要点：

- 如何建立正确的价值观；

- 如何建立目标；

- 如何做计划与总结。

价值观常常是问题的本质，具有较强的稳定性，难以发生变化，这种不变的本质决定了我们很多选择和具体行为方式。"选择决定命运"，而个人选择的基础恰恰是个人价值观。从理论上说，价值观是基于人的一定的思维感官之上而做出的认知、理解、判断或抉择，是人认定事物、辨别是非的一种思维或取向，从而体现出人、事、物一定的价值或作用；在阶级社会中，不同阶级有不同的价值观念。价值观具有稳定性和持久性、历史性与选择性、主观性的特点。价值观对动机有导向的作用，同时反映人们的认知和需求状况。这样，一个基于个人的所处时代、知识结构、经历而产生的主观性较强的东西，体现在个人身上时，即使是同一时代也往往呈现出"百家争鸣、百花齐放"的状态。价值观似乎又有不稳定性，但事物的产生、变化、发展又一定具有其自身的规律，个人只有在主观的价值判断和选择符合事物发展的客观规律时，方才能达到一定的目的，这样的价值观，称为正确的价值观或者说"主流价值观"。

常常听到年轻人在工作中抱怨："公司总是培训这些没用的东西"，或在工作不顺心时倔强地说："我的兴趣不在这儿""这不适合我"，然后打退堂鼓，这些都是别人总结的客观规律与主观价值判断出现冲突的体现。在一个高度成熟的行业或公司中，这种别人总结的规律总是更加接近客观规律，也更具说服力和现实诱惑，让一个人适时调整与自我价值观之间的冲突，从而更好地实现个人或集体目的。反之，个人往往会陷入困惑和迷茫，不但不能接近客观规律，反而使正确价值观的建立遥不可及。所以，久而久之，我们发现从业经历或者说相关从业经历，成为一个关乎成败的招聘条件。这正是因为从业经历直接决定了是否有正确的价值观，而这直接关乎团队合作、思维、工作方法的衔接等非常具体的问题。

主播行业是一个新兴行业，整个互联网行业也难称得上成熟行业，一个主播，究竟具有怎样的价值观，才是正确的？下面将详细探究。

9.2.1 作为人，何为正确

俗语有云：做事先做人。这是一个老生常谈，人人都认可且明白的箴言。在谈价值观时，选择的判断基础是什么？笔者很少看到有人将事与人联系起来，反倒是在做一些有违主流价值判断标准的事前，很多人都会给自己打气：这就是我，我有我的活法；有人这样干，我为什么不行？我们能不能试着在每次做所有的事前都问自己一遍：作为人，我这样做是否正确？一个不成熟的行业，总有很多"秘诀"，大家一味谈技巧，讲套路，似乎是捷径，但是这个捷径究竟会带我们去哪儿却无人问津，看似事半功倍，其实南辕北辙。须知：人间正道是沧桑。

英国广播公司在 2016 年曾报道称，很多主播通过各种渠道不遗余力地营造出一种虚假的完美人生。在镜头前展示出迷人奢华的生活，这些主播穿着时髦、妆容精致，出入高档咖啡厅和餐厅，与女伴们参加聚会和社交活动，到东京、迪拜这样的地方旅游。这些主播这样做的目的似乎是为了树立自己的网络形象，但往往不过是让自我感觉良好且让朋友羡慕。因为她们能看到的成功主播似乎就是这样的，显然这不过是东施效颦，她们对自我的认识、对行业和工作的认识甚至远远不能称为一个合格的成年人。她们能知道的数据和报道是"张大奕 2015 年赚了 3 亿元人民币，甚至超过范冰冰，范冰冰同年赚了约 2100 万美元"（据《福布斯》杂志）和"阿里巴巴公司旗下商业数据公司第一财经商业数据中心称，2016 年，网红经济产值预估接近 580 亿元人民币，远超 2015 年中国电影票房金额。"于是她们得出一个结论：市场广阔、形势大好，个体收入上限无穷高。但事实上，她们对什么是生意却一窍不通。艾媒咨询的创始人张毅说："网红（走红）的背后有许多因素不可复制。（投资网红孵化器的）失败率高达 95% 以上。"而这一数据仅仅是有据可查的真正的生意人投资网红孵化产业的失败率，如果将平台网红、自媒体网红和主播网红的成功率进行统计，恐怕个体能够借此生存的概率连

0.001% 都不到。

我们来看一个一开始将工作建立在谎言上的主播案例。刘某之前是某直播台的一名人气女主播，主要直播玩游戏，以技术高超和语言搞笑深得观众喜爱。她直播时有上百万人气，是当之无愧的人气王，甚至被评为"2016 百名最有人气网红之一"。然而，在 2016 年 5 月，一名退役的游戏职业选手实名爆料：刘某直播时是别人在代打，她只是装作自己在玩，从头到尾都在欺骗观众，并且提供了有力证据。在电竞直播圈犯下"代打门"，导致声名狼藉的该网红女主播沉寂。一番公关过后，该女主播再度进入公众的视野，在某直播平台开启直播，还前往里约奥运会现场，给观众带来户外直播。在直播中，她表示对以前犯下的错误感到"悔恨"，希望观众能重新接纳她。刘某重操旧业并没有引起人们的欢迎，曾经的粉丝纷纷在其直播中指责和吐槽，直播间的人气也直线下降，再没有出现几个月前"百万人气"的盛况。后来更是与"话题王"王某某公开"开撕"，试图危机公关博取更多眼球，却最终声名狼藉，成为众矢之的。其实，从刘某直播给其母亲打电话哭诉其所受委屈之时，刘某就已经将自己的工作谎言和职业形象转化为生活谎言、人格欺骗，用错误的价值观导演的这样一场闹剧，其实质是将自己的整个人生押上必败的赌桌，不只是职业生涯，更是给自己的人生带来了毁灭性的打击。

刘某能在开始时博得大量眼球，吸引众多拥趸，其自身不能说没有长处，如果将目标确定为在同行中出类拔萃，对她而言成功并非不可能。即便将目标确定为一举成名也并非不可能，但她却没有在开始代打时问问自己，作为人，这样的代打谎言是正确的吗？在出现信任危机后，编造谎言前问问自己，作为人，能这样利用别人善意的信任持续愚弄别人吗？人生没有如果，没有正确的价值观作为指引，导致身败名裂的选择往往会接踵而至，可以说，失败是注定的，暂时的成功只是为了让人跌得更惨。

9.2.2 目标的建立

什么是正确的价值观？即便罗列出这一问题的答案，对于指导实践而言似乎仍过于理论化。正如我们抓耳挠腮破解高数题，百思不得其解后，希望求助于习题书后的参考答案，而答案只给出了最终计算结果，却没有解题过程一样空洞、无意义。人的价值观往往体现在人的目标和行为方式上，如何在正确的价值观的指引下确定目标就成了方法论路径下，需要回答的问题。

科学的目标，是正确价值观的体现，是人生的灯塔，它指引着前进的方向。目标根据其实现的时间跨度，可以分为人生终极目标、长期目标、中期目标、短期目标和即时目标。其中，人生终极目标是与价值观高度一致的概念，有什么样的价值观，往往就有什么样的人生终极目标，审视一个人的终极人生目标即是审视一个人对于成功的定义。一般而言，预期目标的实现就是成功。

确定这样的目标应该首先问自己，设定这样目标的理由究竟是什么？例如，每个人可能都有一个金钱的目标，"先挣它一个亿"，那这个目标的理由也就是挣到一个亿的好处，每个人可能想到的挣到一个亿的好处不同，但它却是你前进的动力，更是碰到困难仍能百折不挠的保证。这样的理由当然多多益善，至少也不能少于十条，否则很有可能这样的目标就不是你想要实现的符合个人理解的人生终极目标。挣到一个亿，可以钟鸣鼎食、锦衣玉宴；可以有豪车、豪宅、一掷千金、快意人生；可以周游列国不为生计发愁；可以不看人眼色，不趋炎附势。挣一个亿的好处，关乎个人"买买买"的，最多也就总结这四条，总不能为了凑条目，将要买的包和化妆品的款式、品牌一一罗列成购物单，那显然不是"先挣它一个亿"的人应有的境界。再继续细数理由呢？挣到一个亿，可以孝敬父母，给自己孩子最好的；可以帮助弱势群体；可以捐学校、盖医院；可以资助保护濒危动物；可以资助科研机构促进人类科技发展；可以广泛承担各种社会责任，成为社会名流，受人尊重，为人敬仰甚至青史留名……我们发现，不论是什么人生终极目标的理由，它必然包含个人价值和社会价值，人类是群居动物，当一个目标的实现好处延伸到最极致的深度欲望时，往往不再充斥着人类自私秉性，而更多地偏重于为社会的贡献和付出的快乐。当然，从广义上也可以理解为是人类自私性的终极体现：希望得到整个社会的回报，超越时间限制的回报。但不得不承认，人类的自私性需要向社会性妥协，也就是在一定条件下，人类明确自我实现的路径：必然是社会化路径。

罗列理由会帮我们否定很多不成熟的想法和目标，进而帮我们确定人生的终极目标。如果读者通过上述方法仍然不能为自己建立明确的目标，反而更加迷茫了，那可以先问自己三个问题：你希望60岁退休时，会有些什么成就？你希望同事、朋友、家人会怎样评价你？当你离开人世时，会有什么成就？希望人们会怎样评价你？你离开这个世界 10 年、50 年乃至 100 年后，是否希望人们还记得你？希望人们怎样评价你？换个提问方式，你希望成为一个螺丝钉、普通人还是伟人？而所有个人希望被评价的细节，往往就是个人主观性格和想法的真实具体体现，这样的具体体现会帮助我们确定科学的目标。

现在我们对确立个人目标已经有了概念，目标不能是海市蜃楼，而应当是具有一定现实性、指导性和可行性的，这样的目标究竟如何建立？需遵循"SMART"原则，即一个科学的目标，它必须是：① Specific——具体的。我们订立目标的具体，是指不属于抽象概念的，不是个人凭借自己的主观标准而可以不断变化的。不能是成功、受人尊敬，而应当是可以明确勾勒出的具体事项，如成为某级人大代表、买一辆车、成为主播等。② Measurable——可以量化的。比如成为一个知名主播，就不是一个量化表述，而成为一名拥有 100 万以上粉丝的主播则是一个量化表述。量化表述与具体有关联也有不同，具体的不一定是可以量化的，而量化的则往往是具体的。具体的确定了明确的点，而量化的则可以看到这个点中的内容。③ Achievable——能够实现的。任何目标都不应脱离现实，脱离了现实的目标就像一场黄粱美梦，这种现实性，综合考虑了自身特点和长处、自身所处境况、社会发展需要等多方面因素。一个初到新城市打工的个体，他的现实性目标可以是买一套房，一个初入行的主播可以靠自己努力，月收入 8000 元等。这样的目标不能是已经实现的，而应当具有一定的超前性，通过自身努力完成，否则也不能称其为目标。④ Result-oriented——注重结果的。很多人订立目标的时候常常会想"谋事在人，成事在天"而忽略结果，重视过程，但事实上忽略结果是不可能重视过程的，每个人都有惰性，如果有人监督，则一定监督的是结果，每个人都时常听到老板在员工会议上强调，我要的是结果，不要说你怎么做的。结果往往是衡量目标最为有效的标准，虽然它并非唯一标准，但在实现目标的过程中，只有结果达到了，订立选择目标时所寻找的若干理由才可能实现，此时，目标的结果成了因，而那些实现目标的理由成了果，如果目标不看重结果，那这个目标往往难以实现。⑤ Time-limited——有时间期限的。这是一个最好理解，也最难实践的原则。以挣 1 万元为目标，如果时间期限是一个月，那这个目标可能很容易达成，而如果是一小时呢？它是否具有可实现性，时间期限是目标是否成立的重要标准，时间期限与是否注重结果、是否能够实现是高度相关的。当新晋主播把一个一年粉丝保有量一百万的目标，拆分到每天去落实，可能每 3 天就要涨粉一万人，还要维护粉丝，确保新吸引的粉丝不会取消关注，所有的工作路径，可能在这个目标订立的时候就已经明确下来了。总而言之，所有目标的订立都应当符合"SMART"原则，这样的目标才是符合客观规律的，才是在正确价值观指引下的有的放矢。

如果还不能确定自己的目标，那么考虑你的生活角色：父亲、母亲、丈夫、妻子、上司、下属、朋友、主播、纳税人等，不一样的角色就有不一样的目标。再考虑你的生活重心，不一样的精力和时间分配方式，也是不一样的人生，如图 9-2 所示。

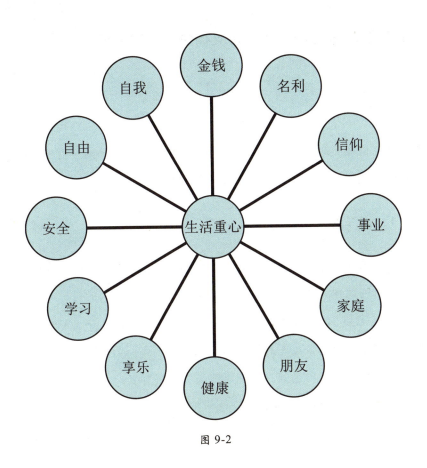

图 9-2

　　建立目标还应当注意以下四点：①不要将没有量化、没有时限的想法当成是目标。②将目标建立在现实可能性上，而不是建立在自己的憧憬上。③依据现有的信息确立目标，而不是先确立目标，然后寻找帮助目标达成的信息。④根据自己现有的能力确立目标，然后逐一准备达成该目标所必备的能力。

9.2.3 计划与总结（目标多叉树法、剥洋葱法）

当我们按照上述方法对自己的人生目标有了一个概念并一点点确立下来后，接下来就应该是去实现目标了。上文提到了人生终极目标的建立方法，但要实现人生终极目标，还应当建立一个一个的小目标，按照一定的科学方法去实现，这就是实现目标的计划。

1．剥洋葱法

建立人生终极目标后，我们用时间跨度衡量可能是 70 年或 80 年，看似这个问题也并非我们能够控制的问题，但如果我们的目标从我们成年起可能需要 70 年来实现，也就是我们需要活到 90 岁或 100 岁，那么健康生活就应当是我们的目标的一部分，远离一切有害健康的生活方式，积极锻炼保护自己的身体健康就成为了目标之一。这个时间一旦确定下来，我们可以按照时间轴把它逐步细化，制定一个 10 年的长期目标，也就是为实现 70 年的宏伟目标，最近 10 年我们至少应当做到什么；然后以此类推，近三年、近一年我们应该达到什么目标。当然，上文介绍的"SMART"原则仍应当在这个拆分目标的过程中坚持使用。直到将上述目标拆分到每一天的每一小时我们应当有什么目标，这种方法就称为"剥洋葱法"，如图 9-3 和图 9-4 所示。

图 9-3

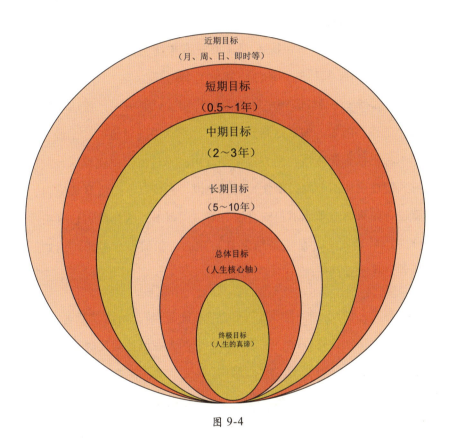

图 9-4

2. 多叉树法

制约我们实现目标的第一要素是时间，但不是全部要素，很多目标的实现寄托于若干条件，这种条件有主观因素，也有客观因素，我们称之为事物发展的普遍规律。这种普遍规律是仅次于时间，制约我们是否能实现目标的重要因素，而如果放任这样的要素不加以考虑，通常我们制定目标的细化也很难符合"SMART"原则。根据一个确定目标需要达成的条件我们进行逻辑分析，可以称当所有的目标实现条件都具备后一定能达到目标的条件为充分条件。如果有事物情况 A，则必然有事物情况 B；如果没有事物情况 A 而未必没有事物情况 B，A 就是 B 的充分而不必要条件，简称充分条件。紧跟在"如果"之后。生活中常用"如果……，那么……""若……，则……"和"只要……，就……"来表示充分条件。例如，如果这场比赛踢平，那么中国男足就能出线。总参命令：若飞机不能降落，则直接伞降汶川。不过生活中使用这些关联词语时人们往往并不考虑必要性。也就是说，满足 A，必然 B 成立时，我们就说，如果 A，那么 B，或者说只要 A，就 B。这样就表达了条件的充分性，至于条件 A 是不是结果 B 必需的，我们没有考虑。例如，只要活着，我就要写作。

从客观上讲，不满足"活着"，必然"不能写作"。所以，"活着"是"我要写作"的充分必要条件。但是实际上说话人在说这句话时，他只想表达满足"我活着"时必然"我要写作"。至于"不活着就不能写作"的情况虽然大家都知道，但不是说话人要表达的意思。所以，生活中这些关联词语只是表达条件是充足的、充分的这个意思，而没有考虑必要性，这和逻辑学的严格定义是不同的。

还有一种必要条件是指，如果没有事物情况 A，则必然没有事物情况 B，也就是说如果有事物情况 B 则一定有事物情况 A，那么 A 就是

B 的必要条件。从逻辑学上看，B 能推导出 A，A 就是 B 的必要条件，等价于 B 是 A 的充分条件。简单来说，不满足 A，必然不满足 B（即，满足 A，未必满足 B），则 A 是 B 的必要条件。例如，A="地面潮湿"；B="下雨了"。A="认识 26 个字母"；B="能看懂英文"。A="听过京剧"；B="能体会到京剧的美"。例子中 A 都是 B 的必要条件，确切地说，A 是 B 的必要而不充分条件：其一，A 是 B 发生必需的；其二，A 不必然导致 B。在例子中，地面潮湿不一定就是下雨了；认识了 26 个字母不一定就能看懂英文；听过京剧未必能体会到京剧的美，这说明 A 不必然导致 B。

介绍上述充分条件和必要条件后，我们将目标通过分析其充分条件进行拆解，并通过必要条件进行确认，以达到分解目标的方法，称之为"多叉树法"。例如，我的目标是两年内在公司升一级，参见图 9-5 至图 9-7。

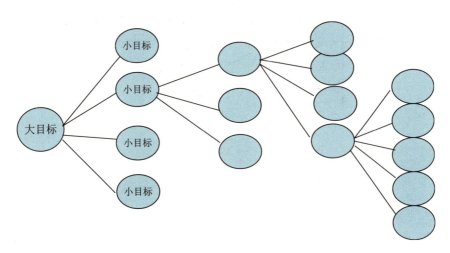

图 9-5

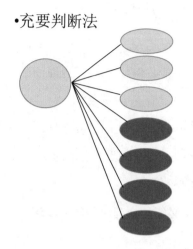

•充要判断法

必要条件 → 可能达成

充分条件 → 一定达成

图 9-6

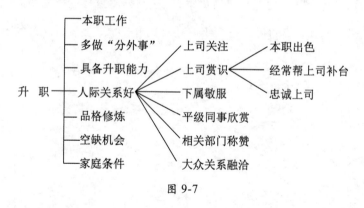

目标：两年内在公司升一级，如何才能做到？

图 9-7

　　根据上述方法建立目标后，仍然存在与现实性结合的诸多问题，我们要学以致用。制定的目标只是摆设还是能起到实质性的作用，更为关键的是我们面临目标不能落实后的处理方法。应当依据以下步骤修正目标：第一步，修正计划，而不是修正目标。第二步，修正目标达成的时间。第三步，修正目标的量。第四步，放弃目标。第五步，订立新的目标。通常情况下，我们很容易从一个极端落入另外一种极端，但这是极为不可取的，应当循序渐进，步步为营，才能最终达到我们的目标。

最后，跟大家总结分享快速实现目标的十个具体建议：①决定要成功。②写下已量化的目标，并写出 10 个以上要实现它的理由。③用多权树制订计划，分解目标。④倒推至今天，拟定计划，设定时间表。⑤列出所有必要条件和充分条件，注明解决方法。⑥告诉自己，要实现什么样的目标，自己必须做什么样的人。⑦运用潜意识的力量，正面自我暗示，永远积极思考。⑧开始行动，大量行动，每一分、每一秒做最有生产力的事。⑨每天睡觉前做自我检讨，衡量进度，做积极修正。⑩坚持到底，永不放弃，直至成功。

9.2.4 时间管理的方法（系统工作与零散工作）

某月份第某周计划				
填表人：			填表日期：某年某月某日	
序号	工作计划内容	工作计划分解详情		工作时间预计	备注
1		周一上午		时	
2		周一下午		时	
3		周二上午		时	
4		周二下午		时	
5		周三上午		时	
6		周三下午		时	
7		周四上午		时	

续表

某月份第某周计划				
填表人：			填表日期：某年某月某日	
序号	工作计划内容	工作计划分解详情	工作时间预计	备注
8		周四下午	2小时	
9		周五上午	3小时	
10		周五下午	3小时	

时间就像海绵里的水，只要愿挤，总还是有的。可是当前信息时代我们的时间总是被切割成分散状态，挤出来的都是零散时间，很难得到有效利用。现代人面对压力都有拖延症，所有的事情，似乎不到最后关头，总没有办法开始，而一旦到了最后关头，时间已然不够，不得不草草了事，想好的"作品"最终都只能变成敷衍了事的"作业"。这两个问题已经从个别现象变成了普遍现象。要想解决它们，就必须把系统时间和零散时间有机结合起来，上文将小时目标划入工作表中的习惯也应当建立起来。

每周应当抽出1个小时的时间将自己下周的工作计划，结合年度计划和月计划进行梳理，形成文字，并在下周结束时进行周总结，相应的也要形成月计划和月总结、季度计划和季度总结、半年计划和半年总结。计划是零散时间的分解，系统时间的规划，而总结则是将零散的成果系统化的过程。

一般人读书只是看（阅读），一目十行或一字一句差别并不大，其实这样的方法，只是零散地获取了知识，即便用了一整天的时间阅读，没有系统梳理，也是零散的学习，整块时间并未得到合理利用。而系统读书，应当是结合听、说、读、写四个部分。开车的时候，花费在公共交通的时间可以用来听，和人交流的时候把书里的观点用自己的方式去表达，每天专门抽出十几分钟用来发声朗诵自己读过觉得非常好的部分，甚至可以背诵，最后在过程中划和写注释，写当时心情等，再用一整块的时间写，写读后感，写心得体会，甚至与作者辩论等。我们看到这样的时间利用方式是，大量零散的时间已经被相对零散的办法消解，而系统的时间事实上并不需要多少。但时间利用的是否有效率，就在于有没有最后系统整理的过程。时间是否得到有效利用的关键，也就在我们每周所做总结计划的那短短的一小时系统总结中，没有那一小时，一周的工作效率永远无法化零为整，知识、经验都永远是零碎的，人也就无法将这些零碎的知识运用到日常中。而经过这个系统化的过程，就可以将知识、经验化整为零，运用到工作和生活中去，让自己不断进步。时间的利用，就是零散利用与系统利用的结合，这样的结合是建立在计划总结办法和工具基础上的。这样的利用就可以真正事半功倍，否则就是行百里者半九十，让人扼腕叹息。

9.2.5 商业化运作基础与运营的实现

对于所有娱乐业和媒体业都有一个共同的评价标准：红不红。这是知名度问题，只看到了表象，而没有看到这个问题的本质。作为从业者，担心的其实并不是从未"红"过，而是"乱哄哄，你方唱罢我登场"，没有办法一直红。刚刚入行的人，因为无法得知自己是否适合做这份工作，而对不会红的担忧，其实仅仅是对人生目标不明确的迷茫，与真正从业者的职业性担忧，存在本质区别。简单来说，新入行者担心的是我不知道我为什么干这行，而从业者的担忧则是我能不能一直干这行，新入行者的问题，入任何一行都会有，这是他人生没有目标的担忧和负担，而回答这个问题，应站在更宏观的视角去观察。演员的评价标准是演技，歌手的评价标准是唱功，舞者的评价标准是舞蹈造诣。无论是演技、唱功还是舞蹈造诣，其实都是职业的内容，内容就是所有行内行外人看待一个人职业水平的唯一标准。那么主播的评价标准到底是什么？按照现在主播的主流分类方式：平台主播、自媒体主播及娱乐主播，这种分类的依据本就是从内容层面考虑的，平台主播偏重某平台产品的深度了解，自媒体则结合市场需要靠才华吸引粉丝，而娱乐主播则是唱念做打、插科打诨各有各的特长。

无论采用何种营销方式，也不论营销是否充分，最终在产业端认可主播的，金主和消费者二者缺一不可，而他们衡量主播的标准只有一个，就是你满足了我的什么需求。金主要求挣钱的商品营销，博得眼球的品牌营销，主播怎么满足他的需求？消费者省钱、省事、轻松、快乐的需求，主播通过何种方式满足？金主和消费者之间存在着一个巨大的不信任鸿沟，正因为网购市场如此发达，而消费者是如此不信任商人，主播市场作为建立信任的纽带，才蓬勃兴起，这也是在其他国家没有主播产业的根本原因。商业模式中供求关系的动态发展催生了主播的产业，也正因为有这样的供求关系，才形成了相应市场，归根结底，这是一个渴望高度信任的市场，它的基础就是诚信和契约精神。而通过信息手段对个人的全景生活信息进行自我公开，正是这个市场获得全方位信任的商业经济形态。

正因为如此，在这个行业中，无论是对金主用数据作假，还是伙同金主对消费者作假，其结果都是杀鸡取卵，不管包装多么精美，市场的健康化过程一定会淘汰掉那些没有内容和内容不能满足需求的主播。业态的特殊性，决定了主播搭上的不是一笔钱或一个职业，法律的最高民事责任无限责任，都不能准确地描述这种风险形式，因为主播的生活已经全景化地展现在互联网上，做得越大，越无所遁形，这是全部人生和人格的"all-in"或 ""out"。所以，对于主播而言，在做出任何选择时，请扪心自问：作为人，何为正确。

9.3 主播个人 IP 化

本节要点：

* 什么是个人品牌；

* 个人品牌如何 IP 化；

* 如何打造个人品牌。

9.3.1 个人品牌

通俗来讲，个人品牌即是一个人对另一个人的独特、鲜明印象，而这种独特印象一百个、一千个、百万个人都有统一的认识的时候个人品牌就建立起来了。个人品牌是一个人区别于另一个人最为独特和被认可的特质。个人品牌是无形资产，只有伟人们和政治领袖具有个人品牌，但互联网时代，所有人都可以树立自己的个人品牌形象。

9.3.2　个人品牌 IP 化

IP 是可以通过持续性产生具有连贯性和内在关联性的个人原创内容，那么这个人就可以成为一个领域的垂直 IP，而打造 IP 的过程就是通过持续产生个性化的原创内容并且可以通过多平台进行内容分发从而形成对特定粉丝群的直接影响力的过程。IP 到底指向是谁呢？现在还没有理论层面的定论。个人都有个人的理解。而 IP 的指向有人称是这个人，有人称是被大家认可的这个人的某种特质，还有称物或作品具有人格化倾向的标为 IP 指向的说法。2016 年以来，席卷互联网的 IP 除了内容和产品之外，还有人。人格化 IP 自带流量，只要有渠道，变现能力立刻就能体现。IP 是有内容的品牌，秋叶在《如何打造超级 IP》一书中说，尽管我们知道大部分的领域最终能够拥有个人品牌的都是万里挑一的少数人，但是即便成不了网红，努力去经营自己的个人品牌，在小范围内成为一个有影响力的人，也能遇到更好的工作，过上更有趣的生活。这是对个人品牌 IP 化最现实的一种说法。

9.3.3　打造个人品牌

对于主播，究竟该如何打造个人品牌呢？

第一步，全面的现代人基本功和跨界知识体系。

现代人的基本功往往都体现在招聘条件上，如学历、驾驶、外语能力、计算机使用能力、穿衣搭配化妆能力、交流能力、文字功底，等等，都是现代人基本功。有专业方向还远远不够，还应当主动跨界，学习专业知识，搭建跨界专业知识结构。项目管理、金融管理、预算管理、合同谈判、销售预测、工程设计、运用办公软件、精通第二种语言、网页设计、摄影视频等，即便不是专家，也至少有全面的理论知识体系。这些不是危言耸听，是现实需求，只有在掌握基本功的同时，有较宽的知识面，才能举一反三，游刃有余，否则，很难独立完成一项工作，与人配合也只能屈居人下，而不是平等合作。

第二步，自我包装。

对一个品牌来说，第一印象很重要。这个印象是视觉、听觉、嗅觉、触觉等的组合，我们称之为空间印象。在这个大的概念下，还要有细节，往往细节更能加深空间印象。我们去日本旅游，大到一片残墙、一个盆栽，小到一个器皿、一句诗文，无形中给我们塑造了日本的整体空间印象。而对于主播个人，可以有自己一句标志性的话，类似于冯巩的"我想死你们了"，Papi酱的"一个集美貌与才华于一身的女子"，也可以用一些标志性的配件打造自己的识别度，如《优雅》一书的作者，时尚杂志的主编晓雪曾在她书中介绍了用丝巾打造了别人对她优雅的认知。而现实中，前国际米兰主教练曼奇尼就一直戴一条天蓝白条围巾，在所有足球领域从业者中独树一帜，多次入选"最佳着装成功人士"排行。

第三步，演讲已逐渐成为最为重要的公关手段。掌握自我介绍和演讲技能将为你赢得更多的机会。苹果公司的每一款产品都通过发布会演讲发布，全民选举国家的总统都是以演讲作为自己竞选的最重要手段，众多国内成功公司的 CEO 都通过演讲来打造自己的 IP。提高演讲技能的方法就是多听、多总结、多练。每次听完能引起你共鸣的演讲，将精辟的小故事整理成典故集备用，解构一下别人演讲的逻辑，关注他的切入点和收场方式，如何一点点引人入胜，如何在铺垫后给你心灵带来巨大的震撼，如何留白，让听众有无限想象的空间，这都是需要不断积累的。通过练习，就可以将自己声音的特点、演讲的动作、语气、节奏甚至眼神，都有效地自然调节到最适宜的状态。当然，这些都不是能一蹴而就的。主播们可以结合自己的需要将这类学习用上文方法制订详细的计划，予以落实，相信势必会带来更好的个人魅力，逐步建立起个人品牌，以至于形成 IP。

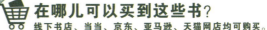

反侵权盗版声明

电子工业出版社依法对本作品享有专有出版权。任何未经权利人书面许可，复制、销售或通过信息网络传播本作品的行为；歪曲、篡改、剽窃本作品的行为，均违反《中华人民共和国著作权法》，其行为人应承担相应的民事责任和行政责任，构成犯罪的，将被依法追究刑事责任。

为了维护市场秩序，保护权利人的合法权益，我社将依法查处和打击侵权盗版的单位和个人。欢迎社会各界人士积极举报侵权盗版行为，本社将奖励举报有功人员，并保证举报人的信息不被泄露。

举报电话：（010）88254396；（010）88258888

传　　真：（010）88254397

E-mail：dbqq@phei.com.cn

通信地址：北京市万寿路173信箱　电子工业出版社总编办公室

邮　　编：100036